BLV Ratgeber Essen und Trinken

Ich helf dir kochen · Gerichte aus dem Schnellkochtopf ·
Hausgemachtes für Küche und Keller · Fisch in der Küche ·
Das Käsebuch · Neue Kalte Küche · Wild in der Küche ·
Knuspriges Brot aus dem eigenen Ofen · Selbstgebackenes ·
Das praktische Buch vom Wein

BLV Kochpraxis

Eintopfküche für Feinschmecker · Engelsbrot und Eisenkuchen ·
Ideenreiche Resteküche · Köstliches aus der Pilzküche ·
Nudel & Nudel · Paradiesische Apfelküche ·
Pasteten, Torten und Strudel ·
Überbackenes, Aufläufe und Puddings

BLV Idee & Praxis

Gesund und aktiv durch richtige Ernährung · Gesunde Wildkräuterküche ·
Die Kunst schlank zu bleiben · Die Kunst Tee zu trinken ·
Obstkuchen – Obsttorten · Selber backen mit Vollkorn ·
Selbstgemachtes aus der Küche zum Verschenken ·
Vom Frühstück zur Mitternachtssuppe · Weihnachtliche Bäckerei

Fachbücher für die Gastronomie

Buffets und Empfänge · Fische und Krustentiere ·
Fleisch · Wild und Geflügel

Zum Thema »Lebe gesund«

Diät-Ratgeber für Diabetiker · Kochbuch für Leber- und Gallendiät ·
Es schmeckt auch ohne Fleisch ·
Kochbuch für die ballastreiche Ernährung ·
Vollwertkost mit Genuß

Weitere BLV Kochbücher

Aus türkischen Küchen · Bayrische Kuchl · Die Eiszeit aus der Steckdose ·
Feld-, Wald- und Wiesenkochbuch · Gefrieren, Konservieren ·
Das große BLV Buch der Kräuter & Gewürze ·
Gute alte Bauernküche · Hasenöhrl und Kirmesfladen ·
Ich helf dir backen · K. und K. Backgeheimnisse ·
Kochen mit Rundum-Hitze · Mikrowelle · Schnell ein Essen für uns zwei ·
Südtiroler Leibgerichte

Christa Muhle-Witt

Pasteten, Torten und Strudel

Pikantes in Hülle und Fülle

BLV Verlagsgesellschaft
München Wien Zürich

CIP-Kurztitelaufnahme der Deutschen
Bibliothek

Muhle-Witt, Christa:
Pasteten, Torten und Strudel: Pikantes
in Hülle u. Fülle / Christa Muhle-Witt. –
München; Wien; Zürich:
BLV Verlagsgesellschaft, 1984.
(BLV Kochpraxis)
ISBN 3–405–12958–3

Titelfoto:

Terrine von Kalbsleber, Rezept Seite 44

Gemüsestrudel, Rezept Seite 106

Käsetorte, Rezept Seite 103

© 1984 BLV Verlagsgesellschaft mbH,
München

Fotos: C. P. Fischer, Baldham, Seiten 33, 87
Studio Teubner, Füssen, Seiten 51, 67 und
Titelfoto

Zeichnungen: Beatrice Hintermaier

Gesamtherstellung: Friedrich Pustet,
Regensburg

Printed in Germany · ISBN 3-405-12958-3

In den Rezepten verwendete Abkürzungen:

EL	Eßlöffel
TL	Teelöffel
g	Gramm
kg	Kilogramm
l	Liter
dl	Deziliter = $\frac{1}{10}$ Liter
cl	Zentiliter = $\frac{1}{100}$ Liter

Jnhalt

Zu diesem Buch

Das vorliegende Buch handelt von Pasteten »in Hülle und Fülle«. Mit diesem Ausdruck deutet man meist an, daß etwas im Überfluß vorhanden ist. Tatsächlich beschreibt das Buch auch eine sehr große Auswahl von Pasteten, aber ich möchte mit »Hülle und Fülle« vor allem auf die Grundidee der Pastete hinweisen: Die Pastete besteht aus Verpackung und Inhalt, d. h. aus Hülle und Fülle.

Zur Vorstellung des Verpackens gehören für mich auch die Begriffe: Geschenk – Geheimnis – Überraschung. Denken Sie an das Geheimnis der Verzauberung des Zwerg Nase, die an das Kräutlein Niesmitlust gebunden war. Bei seiner Kochausbildung hatte die Hexe dem Zwerg verschwiegen, daß die regelrechte Zubereitung der Pastete Souzeraine (deren Rezept Sie freilich vergeblich in diesem Buch suchen werden) justament das Kraut erfordert, auf das er verzaubert war. Dem Gast von Nases königlichem Brotgeber fiel prompt auf, daß der Souzeraine etwas mangelte, und so kam es nach allerlei Überraschungen zur Lösung des Geheimnisses und zur Entzauberung. Ob Nase, nachdem er in einen schönen Jüngling zurückverwandelt war und die mittlerweile ebenfalls entzauberte Gans geheiratet hatte, die Pastete Souzeraine *mit*

Niesmitlust jemals wieder zubereitete oder zubereiten ließ, verschweigt Hauff (ich fürchte, er hatte »die Nase voll«).

Noch ein paar Worte zu den Überraschungen: Zu großen, festlichen Anlässen wurden z. B. in der Renaissance auch sehr große Pasteten gebacken, aus denen als Überraschung lebende Vögel emporflatterten (in dem Marilyn Monroe-Film »Some like it hot« springt sogar ein Mafioso mit der Maschinenpistole aus einer Pastete). In meiner persönlichen Pasteten-Welt ging es bisher nicht so turbulent zu. Geheimnis und Überraschung beschränken sich in der Regel auf den Geschmack der Pasteten. Die Pastete ist, vergleichbar einem Parfum, einer Sauce, einem Blumenbouquet oder gar einem Musikstück, in erster Linie das Ergebnis einer Kompositionsleistung, d. h. einer Unternehmung, bei der aus der Kombination von Wohlbekanntem etwas Neues entsteht. Vielleicht war dies der hauptsächliche Grund für meine jahrelange große Vorliebe für Pasteten aller Art. Seit vielen Jahren habe ich Pastetenrezepte aufgespürt, gesammelt, modernisiert und selbst entworfen. Die hier vorgelegte Fassung des Gesamtmaterials ist vor allem darauf ausgerichtet, die Welt der Pasteten in einem systematischen Gesamtaufbau vorzustellen. Pasteten zu backen oder, besser gesagt, Fleisch, Fisch oder Gemüse in einer Hülle zu garen, ist eine sehr alte Kunst. Ursprünglich waren die Hüllen grob und bestanden aus Lehm oder Brotteig. Über die Jahrhunderte hinweg wurde jedoch die Küche so verfeinert, ebenso die technischen Hilfsmittel, daß heute feinere Hüllen verwendet werden.

Vor allem in den Mittelmeerländern ist die Pastetenkunst gewachsen. Die Pastete gilt – vielleicht etwas zu sehr – vor allem als exklusive Kostbarkeit, mit der sich die höfischen Köche oder die großen Küchenchefs gegenseitig übertrumpften. Die professionelle Pastetenkunst hat ja auch wirklich fabelhafte Kunstwerke zustande gebracht und fährt fort, dies zu tun. Es ist, glaube ich, jedoch gut, wenn klar wird, daß man auch ohne Superlative schöne und schmackhafte Pasteten selbst zubereiten kann.

In Frankreich werden heute wie eh und je Pasteten aller Art von den Chefs der kleinen und großen Restaurants, von speziellen Geschäften, von Hausfrauen und Hausherren zubereitet, und es gibt viele Rezepte, die als Familiengeheimnis gehütet werden. Dabei gehörten die sogenannten »klassischen Pasteten« meist zu einem festlichen Mahl.

Es haben sich aber allmählich dann auch die einfachen bürgerlichen und rustikalen Pasteten entwickelt, die auf dem Lande oder im kleineren Kreis gebacken werden: Strudel, Pasteten auf dem Backblech oder die Torten gehören hierzu. Sie werden von jung und alt immer gern gegessen. Sie sind meist weniger arbeitsaufwendig, zeitsparender und von den Zutaten preiswerter. Sie bieten nebenbei eine elegante Möglichkeit der Resteverwertung.

Viele der Pasteten, wie Terrinen, Torten, Fleisch in der Teigkruste und Pasteten im Teigmantel, die also auch kalt gut schmecken, eignen sich vorzüglich für kalte Buffets, Gartenfeste, Picknicks usw. Die meisten Pasteten können als Vorspeise, aber auch als Hauptgericht verwendet werden. Man reicht dazu, je nach Wunsch und Geschmack, Weißbrot, Saucen, Salat, Gemüse usw.

Es ist wichtig, die passenden Saucen zu verwenden. Deswegen sind am Ende des Buches die wichtigsten Saucen mit ihren Rezepten aufgeführt. Neben dem Wohlgeschmack der Pasteten kommt es auch auf das äußere Erscheinungsbild an: Schöne Pastetenformen, Oberflächendekoration, Bestreichen mit Eigelb, dekorative Beilagen und dekorativer Anschnitt.

Um rasch zu einem Erfolgserlebnis zu kommen, empfehle ich, mit einem der weniger aufwendigen Rezepte zu beginnen, z. B. mit einer Terrine, deren Zutaten keine umfangreichen Vorbereitungen erfordern.

Die vorliegenden, wohlerprobten Rezepte können natürlich in der angegebenen Form exakt angewendet werden. Sie sollen aber auch die eigene Initiative und die Phantasie anregen, indem sie die allgemeinen Prinzipien mitteilen und Stolpersteine vermeiden lehren. Es besteht heute kein Grund, vor dem mit der Zubereitung verbundenen Aufwand Angst zu haben, da ein Großteil der Zutaten fertig, gegebenenfalls tiefgefroren, käuflich ist. In »Hülle und Fülle« brauchen Sie weder Zeit, Mut noch Geld. Es genügen ein wenig Experimentierlust und Freude, um mit einem Rezept zu beginnen.

Viel Spaß und gutes Gelingen!

Christa Muhle-Witt

Einführung

Bei den in diesem Buch beschriebenen Pasteten handelt es sich einmal um klassische Fleisch- und Fischpasteten, zum anderen um die einfachen und volkstümlicheren Pasteten.
Alle folgenden Arten von Pasteten bestehen aus einer mehr oder weniger feinen Masse aus Fleisch, Leber, Fisch, Schalentieren, Geflügel, Wild oder Wildgeflügel mit rohem, frischem Speck, gewürzt mit Kräutern, Salz, Pfeffer, Cognac, Südweinen usw. Die Masse nennt man »Farce«.
Man mischt kleine Stücke des jeweilig verwendeten Fleisches darunter sowie Speck, Leber, Schinken, Zunge, Trüffel usw. Man kann diese Zutaten auch in Form von Würfeln, Scheiben oder Streifen als Zwischenlagen in die Pastete einarbeiten. Bei vielen Pasteten wird ferner ein sogenannter »Extrakt« hinzugefügt.
Mit Ausnahme der Schaumbrote gehört zu jeder Pastete eine Hülle zur Fülle.
Die Hülle dient zum Schutz (gegen Austrocknen, Verbrennen und Zerlaufen) der in ihr eingeschlossenen Fülle. Sie besteht aus Teig, Speckscheiben, Fleisch oder einer Haut eines Geflügels. Darüber hinaus trägt eine eßbare Hülle unter Umständen zum »Biß« des geschmacklichen Gesamteindrucks bei.

Die Fülle ist in der Regel eine Mischung verschiedener Zutaten und Gewürze, wobei die einzelnen Zutaten je nachdem sehr fein zerkleinert, z. B. durchs Sieb passiert, einmal oder zweimal durchgedreht, gehackt oder auch nur in grobe Stücke zerlegt sein können. Die Grundidee im weitesten Sinn ist es, wohlschmeckende und interessant gewürzte Mischungen zu garen, ohne daß die Mischung austrocknet, verbrennt oder verläuft, und das ganze Aroma erhalten bleibt.
Die meisten Pasteten kann man kalt oder warm essen.
Es ist den Rezepten jeder Kategorie eine sehr ausführliche und exakte Beschreibung der Herstellung der jeweiligen Pastetenart vorangestellt. Hier gebe ich nur einen Überblick:

Pasteten in der Form
Die Masse wird in eine seitlich zu öffnende, mit Teig ausgekleidete Form gefüllt, mit einer Teigplatte bedeckt, die eine Öffnung – einen sog. Kamin – bekommt, damit der Dampf beim Backen entweichen kann, und im Backofen gebacken.

Terrinen
Die Masse wird in einer mit Speckscheiben ausgekleideten feuerfesten Form mit verschlossenem Deckel im Ofen gebacken.

Galantinen

Die Masse wird in ein entbeintes Stück Geflügel oder auch nur in die Haut eines Geflügels, in ein entbeintes Stück Fleisch oder einen entgräteten Fisch gefüllt, eingenäht, in ein Tuch fest eingerollt, gut zusammengebunden und auf niedriger Hitze in einer entsprechenden Grundbrühe gekocht.

Schaumbrote

Hierbei gibt es verschiedene Zubereitungsarten. Sie können u. a. auch in kleine Portionsförmchen gefüllt werden.

Warm kann man alle diese Pasteten mit passender Sauce und Gemüsen servieren. Kalt können sie mit Gelee bestrichen und mit Salat und Toast serviert werden.

Füllpasteten

Bei den Füllpasteten bäckt man die Pastete ohne die zuvor bereitete Füllung, gibt diese, die aus einem Ragout, Frikassee oder Mus besteht, heiß in die aus dem Ofen genommenen Pasteten und serviert sie sofort.

Die nun folgenden einfacheren Pasteten verwenden eine mehr oder weniger fein geschnittene oder gehackte Füllung aus Fleisch, Gemüse, Fisch, Schalentieren oder Käse.

Pikante Torten

Eine Springform oder Charlottenform wird mit Teig ausgelegt, die Füllung darauf verteilt, mit einer zweiten Teigplatte verschlossen und im Ofen gebacken.

Pikante Strudel

Die Füllung wird auf den ausgezogenen Strudelteig gebreitet, zusammengerollt und auf dem Backblech im Ofen gebacken.

Pasteten auf dem Backblech

Hierbei wird die Füllung in den Teig eingeschlossen, in die Oberseite wird ein Loch ausgestochen für den Dampfabzug und die Pastete auf dem Backblech im Ofen gebacken.

Fleisch in der Teigkruste

Hier nimmt man ein Stück Fleisch oder ein Geflügel, das vorgekocht oder gebraten wird, bis es ¾ gar ist. Anschließend läßt man es abkühlen. Dann schließt man es in Teig ein, macht an der Oberseite eine runde Öffnung für den Dampfabzug und bäckt es noch kurz im Ofen, bis die Oberfläche knusprig goldbraun ist. Das Fleisch kann auch gefüllt oder mit Kräutern oder Gemüsen in Teig eingepackt werden.

Wichtige Hinweise

▷ Die meisten der kalt zu servierenden Pasteten schmecken würziger, wenn sie einige Tage im voraus zubereitet werden.

▷ Kräuter, wie z. B. Estragon, Petersilie und Basilikum, sollten möglichst frisch sein.

▷ Sehr viele »klassische« Pastetenrezepte verlangen zwei sehr kostspielige Zutaten: Gänseleber und Trüffeln. Statt Gänseleber kann frische (!) Geflügelleber verwendet werden. Für Trüffeln gibt es, genau genommen, keinen Ersatz. Man kann jedoch mit wesentlich geringeren Mengen arbeiten, als in den Rezepten angegeben, oder auch Morcheln nehmen.

▷ Terrinen- und Charlottenformen bekommt man in größeren Haushaltsgeschäften. Die seitlich zu öffnenden Formen für die Pasteten findet man am besten beim Großhandel für Restaurants und Großküchenbedarf.

Grund-
zubereitungen

Der Einfachheit und Übersichtlichkeit halber sind die folgenden Rezepte, die immer wieder vorkommen, vorangestellt. Es handelt sich um Zutaten zu den Pasteten, die größtenteils mindestens einen Tag vorher zubereitet werden können. So sollte man, wenn man eine Pastete bereiten will, im Rezept nachsehen, ob eine der folgenden Zutaten verwendet wird, und sie vor dem eigentlichen Fertigstellen der Pastete herstellen, damit man nicht in Zeitnot gerät, sondern sie bereits schon zur Verfügung stehen.

Die Teige sind ein wichtiges Baumaterial der Pastete, das, je nach Art der Verwendung, verschiedene Eigenschaften haben muß; so muß z. B. der Strudelteig elastisch und hauchdünn ausziehbar sein. Man benötigt den Teig für die Pasteten, bei denen die Füllung in eine Teighülle eingeschlossen wird.

Die Extrakte stellt man aus den Knochen und den Resten des jeweilig verwendeten Tieres her, das man meist schon einen Tag vorher zerlegt, um es zu marinieren. Sie werden später dazu verwendet, das Aroma der Pastete noch zu verstärken.

Die Grundbrühen werden zum Kochen für die Galantinen, für die Zubreitung von Gelees, Essenzen und Saucen benötigt.

Die Essenzen können, im Gegensatz zu den Extrakten, auch unabhängig von einer bestimmten Pastete auf Vorrat hergestellt und länger aufbewahrt werden. Sie sind stark eingekochte Grundbrühen und werden, wie die Extrakte, zum Eingießen und zur Verstärkung des Eigengeschmacks der Pastete verwendet.

Die Gelees werden aus den zum jeweiligen Rezept passenden, geklärten Grundbrühen und Gelatine hergestellt und mit Wein aromatisiert. Sie werden für die Galantinen zum Bestreichen, Verzieren oder Eingießen benötigt; ebenso zur Herstellung der kalten Schaumbrote.

Die Kräuterwürzen werden vor allem bei den Terrinen und Pasteten in der Form verwendet.

Teige

Wichtiger Hinweis

Bei den Teigrezepten wird von der größten später benötigten Menge ausgegangen. Häufig kann man die angegebene Rezeptmenge teilen. Wenn kleinere Teigmengen übrigbleiben, können Sie kleinere Pasteten daraus herstellen oder die Teigreste einfrieren.

11

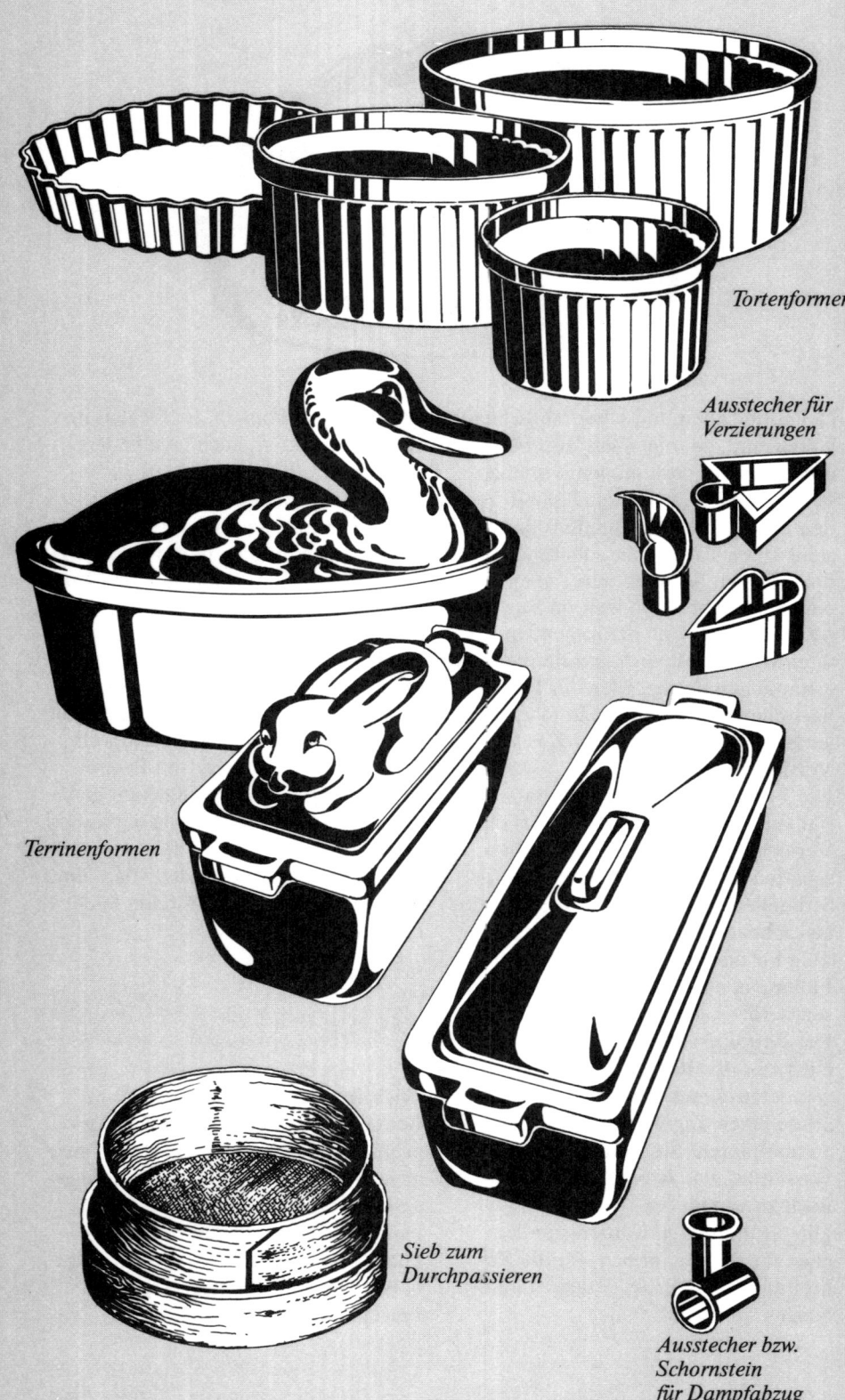

Tortenformen

Ausstecher für
Verzierungen

Terrinenformen

Sieb zum
Durchpassieren

Ausstecher bzw.
Schornstein
für Dampfabzug

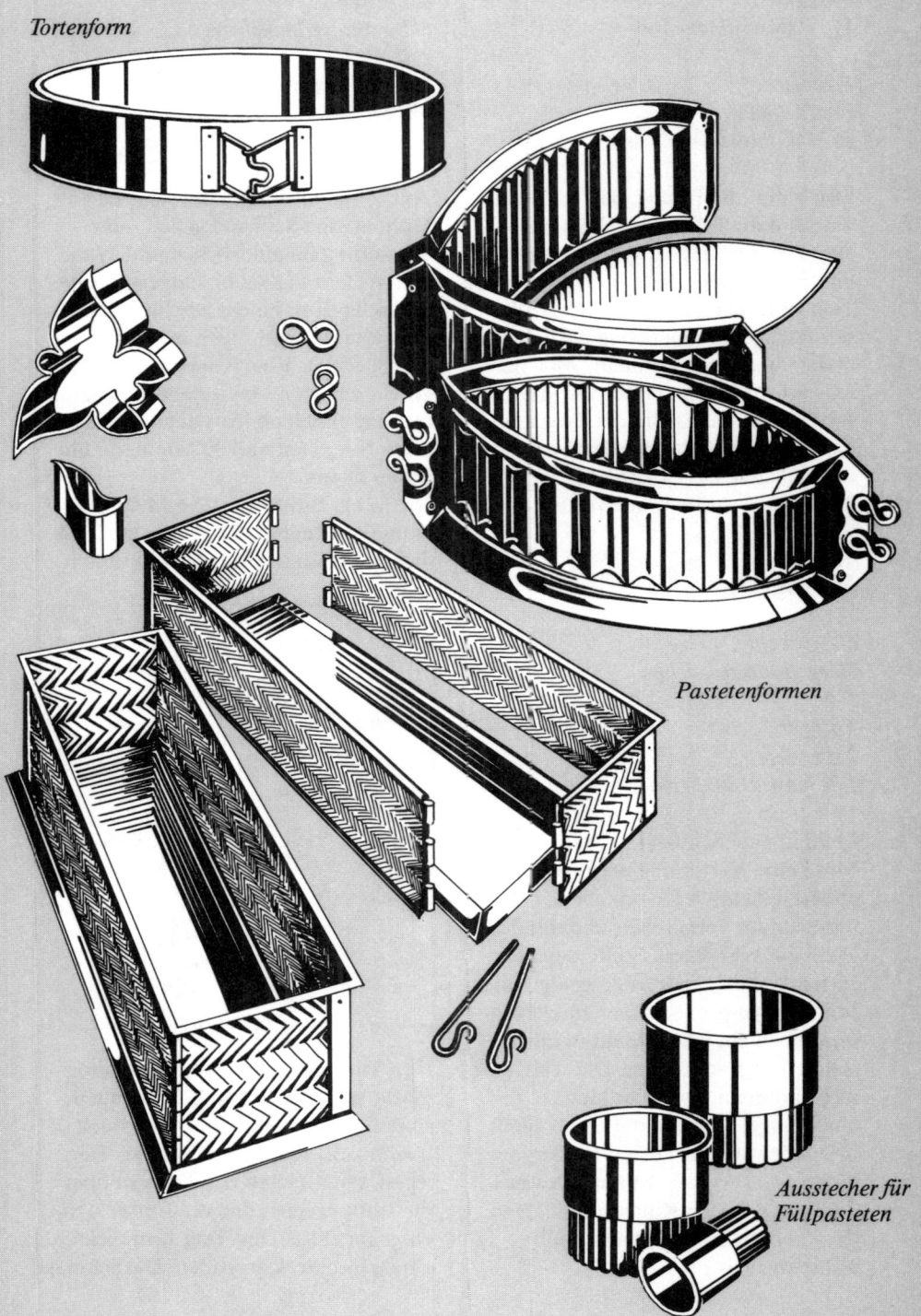

Formen und Geräte

Tortenform

Pastetenformen

Aussteсher für Füllpasteten

Pastetenauslegeteig

500 g Mehl
170 g Butterflöckchen
1 Ei
1 Eigelb
1½ TL Salz
ca. 1 dl lauwarmes Wasser

Das Mehl, die Butter, das Ei, Eigelb, Salz und die Hälfte des Wassers in eine Schüssel geben, gut vermischen und miteinander verkneten. Wenn der Teig zu trocken ist, noch etwas Wasser hinzugeben. Der Teig darf nicht kleben und nicht krümeln. Zu einer Kugel formen und mit etwas Mehl bestäuben. In ein Tuch oder Pergamentpapier wickeln und mindestens 1 Stunde kühl stellen. (Er kann bis zu 24 Stunden aufbewahrt werden.)

Mürbeteig

600 g Mehl
300 g Butterflöckchen
1 Ei
1 Eigelb
2 TL Salz
1 dl lauwarmes Wasser

Mehl in eine Schüssel geben. In die Mitte eine Vertiefung drücken und die anderen Zutaten hineingeben. Alles miteinander vermischen und mit dem Mehl gut verkneten. Sollte der Teig zu trocken sein, noch ein wenig kaltes Wasser dazutun. Sollte er zu klebrig sein, noch ein wenig Mehl darüberstäuben und verkneten. Der Teig darf nicht krümeln und nicht kleben. Zu einer Kugel formen, mit etwas Mehl bestäuben, in ein Tuch oder Pergamentpapier wickeln und mindestens 2 Stunden in den Kühlschrank legen. (Er kann bis zu 24 Stunden aufbewahrt werden.)

Blätterteig

450 g Mehl
500 g Butterflöckchen
1 dl Wasser
1 dl Weißwein
1¾ TL Salz
50 g Mehl

Alle Zutaten sollen kühl sein. Das Mehl in eine Schüssel geben, eine Vertiefung hineindrücken und Wasser, Wein und Salz hineingeben. Gut und schnell zu einem geschmeidigen Teig kneten (evtl. noch etwas Wasser hinzugeben). Eine Kugel formen, mit einem scharfen Messer oben kreuzförmig einschneiden. Mit einem feuchten Tuch bedecken und 30 Minuten kühl ruhen lassen.
Die kühle Butter mit 25 g Mehl geschmeidig kneten. Zu einem ca. 3 cm dicken Quadrat formen, kühl stellen.

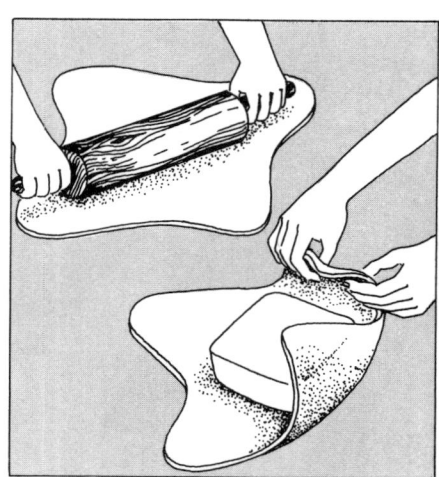

Den Teig auf einer leicht bemehlten Platte zu den 4 Ecken hin ausrollen, so daß in die Mitte das Butterstück hineinpaßt. Die Butter auf den Teig legen, die 4 Ecken des Teigs so über die Butter legen, daß die Butter darin eingepackt ist. Den Teig 1 cm dick zu einem Rechteck ausrollen. Die Schmal-

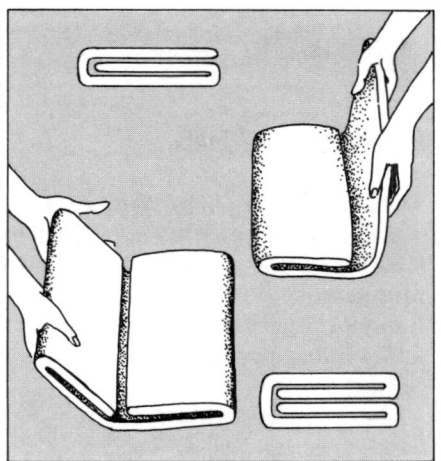

und viermal ausrollen, wie vorhergehend beschrieben. 30 Minuten kühl stellen. Den Teig verwenden. (Er kann bis zu 24 Stunden im Kühlschrank aufbewahrt werden.)

Quarkblätterteig

200 g Mehl
200 g Quark, trocken durchpassiert
200 g Butter, in kleine Stückchen geschnitten
1 TL Salz

seiten je ein Drittel so zur Mitte hin einschlagen, daß der Teig dreifach liegt, und evtl. anklebendes Mehl mit einem Pinsel abfegen. Jetzt den Teig in die andere Richtung wieder 1 cm dick ausrollen, wieder die Schmalseiten nehmen und ¼ zur Mitte einklappen, so daß sie aneinanderstoßen, und nun die eine Hälfte auf die andere klappen, so daß er vierfach liegt. Wieder in das Tuch wickeln und 30 Minuten kühl ruhen lassen. Den ganzen Vorgang nochmals wiederholen. Der Teig kann nun verwendet werden. (Der Teig soll kühl gehalten werden, aber man darf ihn nicht auf Eis stellen, da sonst die Butter hart wird.)

Mehl in eine Schüssel geben, eine Vertiefung in die Mitte drücken, Quark, Butter und Salz hineingeben, schnell zu einem geschmeidigen Teig verkneten. Mit einem feuchten Tuch bedeckt mehrere Stunden kühl stellen und 4mal ausrollen, wie bei Blätterteig beschrieben.

Hefeteig

500 g Mehl
30 g Hefe
1½ dl lauwarme Milch
2 Eier
1 TL Salz
150 g weiche Butterflöckchen

Schneller Blätterteig

400 g Mehl
500 g Butter, kühl geknetet
1½ TL Salz
¼ l Wasser
oder
⅛ l Wasser
⅛ l herber Weißwein

Die Zutaten sollen kalt sein, die Butter kühl, aber weich geknetet. Alle Zutaten gut miteinander verkneten

Die Hefe in der Milch auflösen. Das Mehl in eine Schüssel schütten und in die Mitte eine Vertiefung drücken. Salz und Eier hineingeben, die Hefe zugeben sowie die Butterflöckchen. Von innen her beginnend alles gut durchkneten, bis der Teig glatt ist und beginnt, Blasen zu werfen. Zu einer Kugel formen, in eine Schüssel legen, leicht mit Mehl bestäuben, mit einem Tuch bedecken, in den auf ca. 45 Grad vorgeheizten und wieder ausgeschalteten Backofen stellen, bis sich sein Volumen verdoppelt hat.

Strudelteig

300 g Mehl
3 EL Öl
1 Ei
½ TL Salz
ca. 2 dl lauwarmes Wasser

Das Mehl auf die Arbeitsplatte schütten und eine Vertiefung in die Mitte drücken. Öl, Ei, Salz und Wasser hineingeben. Von der Mitte beginnend die Zutaten miteinander verkneten, bis es einen geschmeidigen Teig ergibt, der sich leicht von der Hand löst. Zu einer Kugel formen. Leicht mit Mehl bestäuben und mit einer erwärmten Schüssel oder einem erwärmten Topf zudecken und 30 Minuten ruhen lassen. Jetzt breitet man ein großes Tuch von ca. 150 × 100 cm Größe aus, bestäubt dieses mit Mehl, legt den Teig in die Mitte und rollt ihn mit der leicht bemehlten Kuchenrolle gleichmäßig 3 mm dick zu einem Rechteck aus. Nun hebt man ihn über

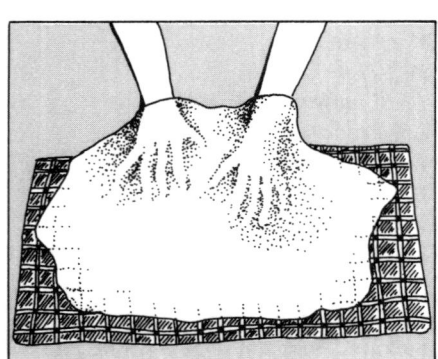

beide nebeneinanderliegenden Handrücken hoch und zieht ihn, die Form beibehaltend, immer weiter auseinander, indem die Hände sich voneinander entfernen. Dies wiederholt man so lange, bis der Teig hauchdünn ist. Den dicker gebliebenen Rand schneidet man gerade ab und benützt ihn evtl. zum »Flicken«.

Extrakte

Extrakt von Fisch

Alle Fischabfälle (Kopf, Schwänze und Gräten) gewaschen und mit einem Küchenbeil oder großen Löffel zerdrückt
1 Zwiebel, geschält und grob gehackt
1 Mohrrübe, geschält und grob gehackt
1 Stange Porree, geputzt, längs halbiert, gewaschen, in Stücke geschnitten
1 Knoblauchzehe, mit der Schale zerdrückt
2 EL Champignons, geputzt und grob gehackt
1 Bund Petersilie, gewaschen
½ l herber Weißwein
5 weiße Pfefferkörner
⅛ TL Salz
⅛ TL Thymian
1 Lorbeerblatt
½ TL Zitronensaft

Auf den Boden eines größeren Topfes die zubereiteten Gemüse geben. Hierauf die zerdrückten Fischabfälle legen. Den Weißwein darübergießen und mit so viel Wasser auffüllen, daß die Fischabfälle etwa 4 cm bedeckt sind. Zum Kochen bringen und dabei dauernd abschäumen. Auf kleine Flamme herunterschalten, Gewürze und Zitronensaft hinzufügen und auf niedriger Flamme so lange sieden lassen, bis der Extrakt auf die Hälfte eingekocht ist. Nun schöpft man alle großen Stücke heraus, wirft sie fort und passiert die Brühe durch ein feines Sieb. Dann läßt man die Brühe auf kleiner Flamme weitersieden, bis sie auf ca. 1½ dl eingekocht ist. Durch ein mit einem Mulltuch ausgelegtes Sieb in einen kleinen Topf gießen.

Extrakt von Fleisch

1 TL Butter
1 Kalbshaxe, in Stücke zersägt
500 g Kalbsknochen in Stücken
200 g Speckschwarte, in Stücke
geschnitten
1 Mohrrübe, geputzt und grob gehackt
1 Zwiebel, geschält und geviertelt
1 Stange Porree, längs halbiert, gewaschen und in Stücke geschnitten
2 EL Champignons, geputzt und
grob gehackt
3 Stengel Petersilie, gewaschen
1 Knoblauchzehe im ganzen
1 Zweig Thymian
1 Lorbeerblatt
je ½ TL Estragon und Kerbel
½ dl Madeira
1 dl herber Weißwein
5 Pfefferkörner, ⅛ TL Salz

Die Butter in einen Topf geben und
Haxe, Knochen, Speckschwarte,
Mohrrüben, Zwiebel, Porree und
Champignons darin von allen Seiten
anbräunen, mit kaltem Wasser 2 Finger breit bedecken, zum Kochen bringen, dabei mehrmals abschäumen.
Hitze herunterschalten, Petersilie,
Knoblauch, Thymian, Lorbeerblatt,
Estragon und Kerbel hinzugeben, bei
niedriger Hitze auf die Hälfte einkochen lassen. Die großen Stücke herausnehmen und wegwerfen, die Brühe
durch ein feines Sieb passieren und in
einen kleineren Topf geben. Madeira,
Weißwein, Salz und Pfeffer hinzugeben und auf kleiner Flamme weitersieden lassen, bis die Brühe auf ca. 1½ dl
eingekocht ist. Die Konsistenz soll sirupartig sein. Den Extrakt durch ein
mit einem Mulltuch ausgelegtes Sieb
in einen kleinen Topf laufen lassen.
Der Extrakt kann in kleine Steingut-
oder Porzellandosen abgefüllt und so
einige Wochen im Kühlschrank aufbewahrt werden.

Extrakt von Geflügel

1 TL Butter
Speckschwarte (vom verwendeten
Speck), in Stücke geschnitten
das zerstoßene Gerippe des verwendeten Geflügels
Knochen, Haut, Herz und Magen,
gesäubert
1 Zwiebel, geputzt und grob gehackt
1 Mohrrübe, geputzt und grob gehackt
1 Stange Porree, längs halbiert,
gewaschen und grob gehackt
2 EL Champignons, geputzt und
grob gehackt
3 Stengel Petersilie, gewaschen
1 Knoblauchzehe
⅛ TL Salz
½ dl Madeira
1 dl herber Weißwein
5 Pfefferkörner

Die Butter in einen Topf geben und
schmelzen lassen. Speckschwarte,
Knochen, Gerippe, Haut, Innereien,
Zwiebel, Mohrrübe, Porree und
Champignons hineingeben und von allen Seiten leicht anbräunen. Mit kaltem Wasser gut bedecken und zum
Kochen bringen, währenddessen
mehrmals abschäumen, Hitze herunterschalten. Petersilie, Knoblauch und
Salz hinzugeben und auf niedriger
Hitze sieden lassen, bis der Extrakt
auf die Hälfte eingekocht ist. Die großen Stücke herausnehmen, fortwerfen
und die Flüssigkeit und das Gemüse
durch ein feines Sieb passieren. Madeira, Weißwein und Pfeffer hinzugeben und weitersieden lassen, bis der
Extrakt auf etwa 1½ dl eingekocht ist.
Die Konsistenz soll sirupartig sein.
Nun gießt man den Extrakt durch ein
mit einem Mulltuch ausgelegtes Sieb.
Er kann in kleine Steingut- oder Por-
zellantöpfchen abgefüllt und so längere Zeit im Kühlschrank aufbewahrt
werden.

Extrakt von Wild und Wildgeflügel

50 g Butter
Gerippe und Knochen, zerstoßen
Haut und Herz vom Wild
Speckschwarte, in Stücke geschnitten
1 Zwiebel, geschält und geviertelt
1 Mohrrübe, geputzt und grob gehackt
1 Stange Porree, längs halbiert,
gewaschen und in Stücke geschnitten
2 EL Champignons, geputzt und
grob gehackt
3 Stengel Petersilie, gewaschen
1 Knoblauchzehe im ganzen
5 Wacholderbeeren
1 Nelke, 1 Lorbeerblatt
½ dl Madeira
1 dl herber Weißwein
5 Pfefferkörner, ⅛ TL Salz

Die Butter in einen Topf geben, die Knochen, das Geripppe, Herz, Haut, Speckschwarte, Zwiebel, Mohrrübe, Porree und Champignons dazugeben und von allen Seiten anbräunen. Mit kaltem Wasser gut bedecken und zum Kochen bringen, währenddessen mehrmals abschäumen. Hitze herunterschalten, Petersilie, Knoblauch, Wacholderbeeren, Nelke und Lorbeerblatt hinzugeben und auf niedriger Hitze sieden lassen, bis der Extrakt auf die Hälfte eingekocht ist. Die großen Stücke herausnehmen und den Rest durch ein feines Sieb passieren. In einen kleineren Topf geben, Madeira, Weißwein, Salz und Pfeffer hinzufügen und weitersieden lassen, bis die Flüssigkeit auf etwa 1 dl eingekocht ist. Die Konsistenz soll sirupartig sein. Man gießt die Flüssigkeit durch ein mit einem Mulltuch ausgelegtes Sieb in einen kleinen Topf. Der Extrakt kann in kleine Steingut- oder Porzellandosen abgefüllt und so längere Zeit im Kühlschrank aufbewahrt werden.

Grundbrühen

Braune Grundbrühe

Für ca. 2 Liter

2 Kalbshaxen, in Stücke gesägt
1 kg fleischige Rindsknochen, in kleine Stücke gehackt
1 kg fleischige Kalbsknochen, in kleine Stücke gehackt
50 g Butter
500 g frische Speckschwarte, in kleine Stücke gehackt
200 g Zwiebeln, geschält, gehackt
100 g Karotten, geschält, gehackt
2 Stangen Porree, geputzt, längs halbiert, gewaschen, in Stücke geschnitten
1 Bund Petersilie, gewaschen
1 Petersilienwurzel, geschält, in Stücke geschnitten
½ mittelgroßer Sellerie, geschält, in Stücke geschnitten
½ l herber Weißwein
ca 3 l Wasser
1 Knoblauchzehe, geschält, in Stücke geschnitten
½ TL Thymian, 2 Lorbeerblätter
10 Pfefferkörner, 2 TL Salz

Alle zerhackten Knochen auf das Backblech legen, mit Butter bestreichen und im Backofen bei 200 Grad bräunen. Aus dem Backofen nehmen. In einen großen Topf die Speckschwarten und das hergerichtete Gemüse geben. Nun den Weißwein auf das Blech gießen und die Bratenreste aufweichen, losschaben und zu dem Gemüse gießen. Mit Wasser aufgießen, so daß alles 2 Finger breit bedeckt ist, zum Kochen bringen, währenddessen mehrmals abschäumen, auf niedrige Hitze schalten. Knoblauch, Thymian, Lorbeer, Pfeffer und Salz hinzugeben und 3 Stunden gleichmäßig köcheln lassen. Vom Herd nehmen, alle großen Stücke herausfischen, den Rest durch ein Mulltuch in einen kleineren Topf gießen. Kühl stellen. Die Grundbrühe kann mehrere Tage aufbewahrt werden.

Fischgrundbrühe – Fischfond

Für ca. 2 Liter

2 kg Fischabfälle und Gräten
von weißfleischigen Fischen (Heilbutt, Schellfisch u. a.)
ca. 2 l Wasser
250 g Zwiebeln, grob gehackt
100 g Champignons, grob gehackt
2 Stangen Porree, gewaschen, längs halbiert und in große Stücke geschnitten
2 Petersilienwurzeln, grob gehackt
50 g Sellerie mit Blättern, grob gehackt
1 Knoblauchzehe
2 Lorbeerblätter
½ TL Thymian
7 schwarze Pfefferkörner
1¾ TL Salz
1 TL Zitronensaft
½ l herber Weißwein

Die Fischabfälle gut waschen, zerdrücken, in einen großen Topf geben, mit kaltem Wasser bedecken, zum Sieden bringen, dabei mehrmals den aufsteigenden Schaum abschöpfen. Das zubereitete Gemüse, die Kräuter, Gewürze und den Wein hinzugeben und auf niedriger Hitze 1 Stunde sieden lassen. Eventuell nochmals abschäumen. Die Fischabfälle und Gemüse herausschöpfen, die Brühe durch ein mit einem Mulltuch ausgelegtes Sieb gießen, in den Kühlschrank stellen.
Vor Verwendung das Fett von der Oberfläche abschöpfen.

Fleischgrundbrühe – Fleischfond

Für ca. 2 Liter

2 Kalbshaxen, in Stücke zersägt
2500 g fleischige Kalbsknochen, in Stücke gehackt
500 g frische Speckschwarte, in Stücke geschnitten
4 l Wasser
200 g Karotten, geschält, in Stücke geschnitten
200 g Zwiebeln, geschält und geviertelt
2 Stangen Porree, geputzt, längs halbiert und in Stücke geschnitten
1 Bund Petersilie, gewaschen
50 g Sellerie, geschält, in Stücke geschnitten
2 Lorbeerblätter
1 Thymianzweig
8 Pfefferkörner
1 TL Salz
¾ l herber Weißwein
1 Knoblauchzehe, geschält, in Stücke geschnitten

Haxe, Knochen und Speckschwarten in einen großen Topf geben und gut 2 Finger breit mit kaltem Wasser bedecken. Bei mittlerer Hitze zum Sieden bringen und währenddessen mehrmals abschäumen. Das Gemüse, Kräuter, Gewürze und den Weißwein hinzugeben und bei niedriger Hitze 3–4 Stunden zugedeckt sieden lassen. Alle größeren Teile herausnehmen und den Fond durch ein mit einem Mulltuch ausgelegtes Sieb gießen. Abkühlen lassen und bis zur Verwendung in den Kühlschrank stellen. Er kann mehrere Tage so aufbewahrt werden. Vor Verwendung Fettschicht entfernen.

Geflügelgrundbrühe – Geflügelfond

Für ca. 2 Liter

1 Suppenhuhn (ca. 2 kg), in Stücke geteilt
½ kg Hühnerklein
Haut, Gerippe und Knochen vom verwendeten Geflügel
3 l Wasser
250 g Karotten, geputzt und grob gehackt
200 g Zwiebeln, geschält und geviertelt
150 g Porree, längs halbiert, gewaschen und grob gehackt
1 Bund Petersilie, gewaschen
100 g Sellerie, geputzt und grob gehackt
1 Knoblauchzehe
2 Lorbeerblätter
1 Thymianzweig
8 Pfefferkörner
15 g Salz
½ l herber Weißwein

Die Hühnerstücke, Hühnerklein, Gerippe, Knochen und Haut in einen großen Topf geben, das Wasser hinzugießen, Fleisch und Knochen sollen gut 2 Finger breit mit Wasser bedeckt sein, zum Kochen bringen, dabei mehrmals abschäumen, Hitze herunterschalten. Gemüse, Kräuter, Gewürze und den Weißwein hinzugeben und auf niedriger, gleichmäßiger Hitze 3½ Stunden sieden lassen. Anschließend vom Herd nehmen, alle großen Stücke herausschöpfen und die Brühe in einen kleineren Topf – durch ein mit einem Mulltuch ausgelegtes Sieb – laufen lassen. Abkühlen lassen und in den Kühlschrank stellen. Der Fond kann mehrere Tage so aufbewahrt werden.
Vor Verwendung die Fettschicht von der Oberfläche abheben.

Wildgrundbrühe – Wildfond

Für ca. 2 Liter

1 Suppenhuhn, in große Stücke zerteilt
1,5 kg Rehfleisch von Schulter oder Brust, oder anderes nicht so wertvolles Rehfleisch
1 kg Hasen- oder Kaninchenfleisch
die zerhackten Wildknochen
sowie Herz und Haut (bei Wildgeflügel)
50 g Butter, geschmolzen
50 g frische, vom Fett befreite Speckschwarte, in Stücke geschnitten
150 g Karotten, geputzt und grob gehackt
150 g Zwiebeln, geschält und geviertelt
150 g Porree, längs halbiert, gewaschen, grob gehackt
½ l herber Weißwein
3 l kaltes Wasser
1 Bund Petersilie, gewaschen
1 Knoblauchzehe
1 Lorbeerblatt
1 Thymianzweig
1 Salbeizweig
10 Wacholderbeeren
1 Nelke
10 Pfefferkörner
20 g Salz

Alles Fleisch und die Knochen auf ein Backblech legen, mit Butter bestreichen und im Backofen bei 200 Grad bräunen. Aus dem Backofen nehmen. In einen großen Topf die Speckschwarten und das hergerichtete Gemüse legen. Darauf die gebräunten Fleisch- und Knochenstücke geben. Nun den Weißwein und ½ l Wasser auf das Blech gießen, die Bratenreste aufweichen, vom Blech gut abkratzen und über das Fleisch und Gemüse schütten. Den Rest Wasser hinzugeben, die Zutaten sollen gut 2 Finger breit mit dem Wasser bedeckt sein, zum Kochen bringen, währenddessen mehrmals abschäumen, auf niedrige Hitze herunterschalten. Kräuter und Gewürze hinzugeben und 3 Stunden gleichmäßig auf niedriger Hitze sieden lassen. Vom Herd nehmen, alle großen Stücke herausnehmen und in einen kleineren Topf durch ein mit einem Mulltuch ausgelegtes Sieb gießen. Kühl stellen. Der Fond kann mehrere Tage so aufbewahrt werden. Vor Verwendung die Fettschicht von der Oberfläche abheben.

Essenzen

Fischessenz – Glace

2 l Fischgrundbrühe (Seite 19)

Nach dem Abkühlen die Fettschicht von der Oberfläche abheben und wegwerfen. In einem Topf bis zum Siedepunkt erhitzen, Hitze herunterschalten und so lange sieden lassen, bis sie auf ca. ⅓ l eingekocht ist. Sie soll dickflüssig von einem Löffel laufen. Durch ein mit einem Mulltuch ausgelegtes Sieb in einen kleinen Topf laufen lassen.

Fleischessenz – Glace

2 l Fleischgrundbrühe (Seite 19)
⅛ l Madeira

Nach dem Abkühlen der Grundbrühe die Fettschicht von der Oberfläche entfernen, bis zum Siedepunkt erhitzen, den Madeira hinzufügen, auf niedrige Hitze herunterschalten und so lange sieden lassen, bis sie auf die Hälfte eingekocht ist. Durch ein mit einem Mulltuch ausgelegtes Sieb in einen kleineren Topf laufen lassen.

Wieder auf die Herdplatte stellen und weitersieden lassen, bis die Brühe auf etwa ⅓ l eingekocht ist. Die Essenz soll dickflüssig vom Löffel laufen.

Geflügelessenz – Glace

2 l Geflügelgrundbrühe (Seite 20)
⅛ l Madeira

Nach dem Abkühlen der Geflügelgrundbrühe die Fettschicht von der Oberfläche abheben und wegwerfen. In einen Topf gießen, zum Siedepunkt erhitzen, Hitze herunterschalten und so lange sieden lassen, bis sie auf die Hälfte eingekocht ist. Durch ein mit einem Mulltuch ausgelegtes Sieb in einen kleineren Topf gießen, den Madeira hinzugeben und weitersieden lassen, bis noch etwa ⅓ l Flüssigkeit vorhanden ist. Sie soll dickflüssig vom Löffel laufen.

Wildessenz – Glace

2 l Wildgrundbrühe (Seite 20)
⅛ l Madeira

Nach dem Abkühlen der Wildgrundbrühe die Fettschicht von der Oberfläche entfernen, bis zum Siedepunkt erhitzen, auf niedrige Hitze herunterschalten und so lange sieden lassen, bis sie auf die Hälfte eingekocht ist. Durch ein mit einem Mulltuch ausgelegtes Sieb in einen kleineren Topf gießen. Nun den Madeira hinzugeben und weitersieden lassen, bis die Brühe auf etwa ⅓ l eingekocht ist. Sie soll dickflüssig vom Löffel laufen.

Essenzen können auch in kleine Porzellan- oder Steinguttöpfchen abgefüllt und so im Kühlschrank einige Wochen aufbewahrt werden.

Gelee

2 l kalte Grundbrühe (Seite 18),
Fettschicht abheben
36 Blatt weiße Gelatine, in kleine
Stücke zerbröckelt
300 g reife, feste Tomaten, grob
gehackt
je ¾ Tasse Porreeblätter, Sellerie-
blätter, Mohrrüben, grob gehackt
1 TL Kerbel
⅓ Tasse Petersilie, grob gehackt
1 TL Estragon
4 Eiweiß, etwas geschlagen
4 Eierschalen, gut zerstoßen

Die Hälfte der Grundbrühe in einen
Topf gießen, gleichmäßig mit der Gelatine bestreuen und einige Minuten
aufweichen lassen. Nun Gemüse,
Kräuter, Eiweiße und Eierschalen
hinzugeben und gut miteinander vermischen. Die restliche Grundbrühe
dazugeben und unter Rühren zum Sieden bringen. Die Hitze herunterschalten und ungestört etwa 15 Minuten
sieden lassen, bis das Eiweiß nach
oben kommt und die Brühe ganz klar
wird. Nun durch ein mit einem Mulltuch ausgelegtes Sieb vorsichtig in
eine Schüssel laufen lassen. Alles, was
im Tuch zurückbleibt, wegwerfen.
Die Schüssel mit dem Gelee in einen
größeren Topf, der mit Eis und Wasser gefüllt ist, stellen und mit einem
Silberlöffel so lange rühren, bis es
dickflüssig wird. Nun kann es verwendet werden.
Man kann das Gelee mit Südweinen
wie Sherry, Madeira, Portwein usw.
parfümieren. Doch gibt man sie erst
hinzu, wenn das Gelee nur noch lau-
warm ist. Man rechnet auf 1 l Gelee
1 dl Südwein. Bei Wild, Lamm, Ham-
mel, Rindfleisch, Schinken, Gänseleber ist Madeira zu bevorzugen.

Kräuterwürzen

Man mischt gemahlene Kräuter – sie
sollten möglichst frisch sein – in der
nachstehenden Zusammensetzung
oder stößt sie im Mörser fein und gibt
sie durch ein feines Sieb. Sie werden
in einem gut verschließbaren, un-
durchsichtigen Glas- oder Tonbehälter
aufbewahrt.

Kräutermischung

100 g weißer Pfeffer
35 g Piment
10 g Muskat
15 g Ingwer
6 g Nelken
7 g Zimt
7 g Lorbeer
7 g Salbei
7 g Majoran
7 g Rosmarin
10 g Thymian
7 g Rosenpaprika

Gewürztes Salz – sel épicé

200 g Salz
50 g Kräutermischung

Gewürzmischung – quatre épices

100 g weißer Pfeffer
5 g Nelken
20 g Ingwer
20 g Muskat

Ersatzweise kann auch der im Handel
erhältliche »Nelkenpfeffer« verwendet
werden.

Pasteten in der Form

Allgemeine Grund-beschreibung

Auslegen der Form

Von einer ovalen, runden oder recht-eckigen Backform, die möglichst an der Seite zu öffnen ist (damit man die Pastete später möglichst unbeschädigt herauslösen kann), werden sorgfältig Boden und Wände mit Butter einge-fettet. ¾ des angegebenen, zuvor be-reiteten und ausgeruhten Teigs wer-den zu einer Kugel geformt und auf einer leicht bemehlten Arbeitsfläche etwa 5 mm dick ausgerollt. Man schneidet ein Stück in der Größe des Bodens der Form aus und legt es in die Form. Nun schneidet man für die Seitenteile der Form entsprechende Stücke (oder ein Stück), die aber 2 cm über die Kante überhängen sollen, um den Teigdeckel später befestigen zu können. Man kleidet die Wände mit dem zugeschnittenen Teig aus und drückt die unteren Kanten gut an die Bodenplatte. Der Teigmantel muß überall dicht sein, damit beim Backen kein Saft herauslaufen kann. Notfalls muß er mit einem Stück Teig »ge-flickt« werden.

Füllen der Pastete

Man belegt die ganze Form von innen mit sehr dünnen, möglichst breiten Streifen von frischem, fettem Speck. Auf die Speckstreifen wird eine etwa 1 cm dicke Farceschicht mit der Hand gleichmäßig aufgetragen; glattstrei-chen. Nun abwechselnd, je nach Re-zept, die angegebenen Zutaten schichtweise mit der Farce in die Form füllen und mit einer Schicht Farce abschließen, die in der Mitte et-was erhöht sein soll, damit der Teig nicht einfällt. Völlig mit Speckschei-ben bedecken, überstehende Teile ab-schneiden. Auf die Mitte ein Lorbeer-blatt legen. Bei den Fischpasteten fal-len Speck und Lorbeerblatt weg.

Schließen der Pastete

Den Rest des Teigs 4 mm dick ausrol-len, eine Platte als Deckel, so groß wie die Form, ausschneiden, vorsich-tig auf die gefüllte Form legen. Den unteren, überhängenden Rand mit Wasser befeuchten und über den obe-ren Teigrand klappen, vorsichtig mit Daumen und Zeigefinger zusammen-drücken.
In die Mitte des Deckels schneidet man ein etwa 3 cm großes Loch für

Ausrollen und Zuschneiden des Teiges

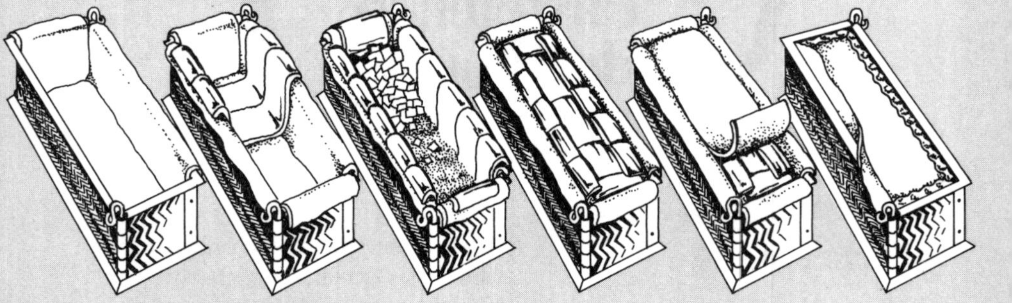

Auslegen der Form, Füllen und Schließen der Pastete

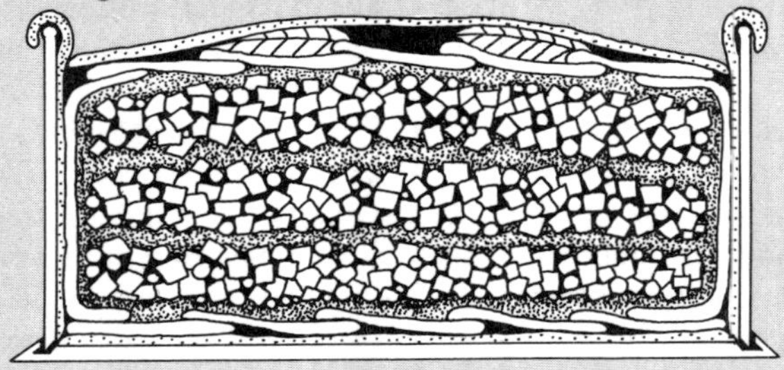

Querschnitt durch die rohe Pastete

Verzieren
Schornstein einsetzen

Auslösen der Pastete

Ausgießen
der Hohlräume

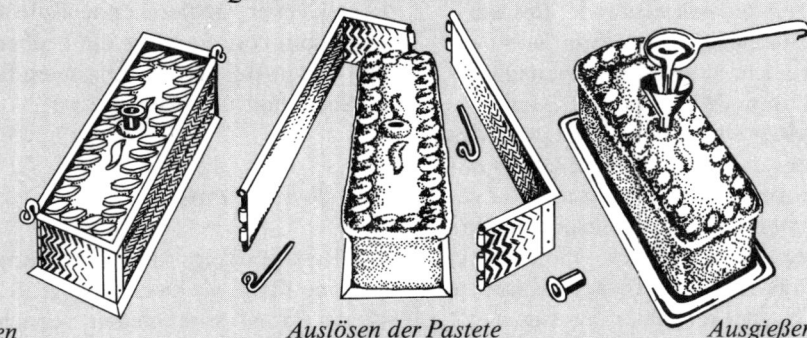

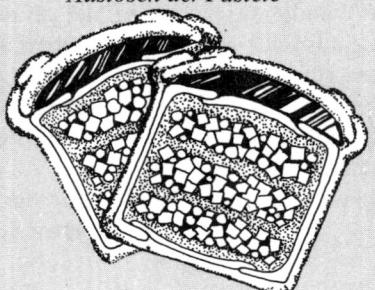

Pastete im Anschnitt

den Dampfabzug, legt um die Öffnung einen Teigring, den man mit Wasser befeuchtet, und drückt ihn vorsichtig an. Aus den restlichen Teigstücken schneidet man Formen, Blätter, Figuren oder Ähnliches aus und dekoriert damit den Pastetendeckel. Alle Teigstücke leicht anfeuchten, bevor man sie auflegt. 1 Eigelb wird mit ½ TL Wasser leicht geschlagen und mit einem Pinsel auf die Pastete gestrichen. In das Loch steckt man als Schornstein einen Zylinder aus Alufolie oder eingefettetem dünnem Karton (damit der Dampf während des Backens abziehen kann).

Backen

Den Backofen auf 180 Grad vorheizen. Man schiebt die Pastete in den Ofen und läßt sie pro Kilo 35–40 Minuten backen. Wenn der Teig zu braun zu werden droht, legt man ein gefettetes Pergamentpapier darüber.

Fertigstellung

Kalte Pastete zum Aufbewahren
Die Pastete aus dem Ofen nehmen, vollständig abkühlen lassen. Anschließend geschmolzene Butter oder geschmolzenes Schweineschmalz in die Öffnung eingießen, bis sie bis zum Rand gefüllt ist, damit die Hohlräume, die beim Backen entstanden sind, ausgefüllt werden. Kühl stellen. Wenn die Butter oder das Schmalz ganz erstarrt ist, aus der Form nehmen. Bis zur Verwendung kühl stellen.

Kalte Pastete zum baldigen Servieren mit eingegossener Fond-Essenz
Die Pastete aus dem Ofen nehmen und vollständig abkühlen lassen. Eine zuvor bereitete, stark eingekochte Fond-Essenz (je nach Rezept Fleisch-, Geflügel-, Wild- oder Fischessenz) in die Öffnung der Pastete eingießen. 1–2 Tage kühl stellen bis zum Servieren.

Kalte Pastete zum baldigen Servieren mit eingegossenem Gelee
Die Pastete aus dem Ofen nehmen und vollständig abkühlen lassen. Das zuvor bereitete zähflüssige Gelee in die Öffnung der Pastete gießen, bis sie bis zum Rand aufgefüllt ist. Kühl stellen und nach einigen Stunden nochmals nachschauen, ob der Geleespiegel gesunken ist. Wenn das der Fall ist, das Gelee nochmals erhitzen und dann den Topf in eine größere Schüssel mit Eiswürfeln und kaltem Wasser stellen. Das Gelee mit einem Silberlöffel rühren, bis es wieder zähflüssig ist, und wieder in die Öffnung der Pastete bis zum Rand Gelee eingießen. Pastete für 1–2 Tage kühl stellen. Den Rest des Gelees in eine Kastenform gießen und ebenfalls zugedeckt in den Kühlschrank stellen.
Zum Servieren die Pastete vorsichtig aus der Form herauslösen, ohne daß der Teig beschädigt wird, und auf einer größeren Platte (am schönsten aus Silber) anrichten.
Die Kastenform mit dem Gelee stellt man mit dem Boden ganz kurz in heißes Wasser und stürzt das Gelee dann auf eine Platte. Man schneidet es waagerecht in ½ cm dicke Scheiben. Aus einem Teil der Scheiben schneidet man symmetrische Formen, mit denen man den Plattenrand dekoriert. Die restlichen Scheiben schneidet man in ½ cm-Würfel, die man um die Pastete garniert.

Warme Pastete mit eingegossenem Extrakt
Die Pastete aus dem Ofen nehmen, vorsichtig aus der Form lösen, auf

eine Platte stellen. Den zuvor bereiteten Extrakt durch die Öffnung im Deckel vorsichtig in die Pastete eingießen. Servieren.

Warme Pastete mit Sauce
Die Pastete aus dem Ofen nehmen, vorsichtig aus der Form lösen, auf eine Platte stellen. Von der, je nach Rezept, zuvor bereiteten Sauce einen Teil vorsichtig durch die Öffnung im Deckel der Pastete eingießen, den Rest getrennt servieren.

Bevor man mit der Herstellung der Pastete beginnt, sollte man sich über die Form der Fertigstellung klar sein, damit man sich die Zeit für die einzelnen Schritte richtig einteilt. Benötigt man z. B. eine Grundbrühe für Sauce, Essenz oder Gelee, so muß diese fertiggestellt sein, bevor die Pastete in den Ofen kommt.

Rezepte

Pastete von Aal

500 g Hefeteig (Seite 15), warm stellen, oder Blätterteig (Seite 14), kühl stellen, oder Tiefkühlblätterteig
1 Eigelb, in ½ TL kaltem Wasser geschlagen, zum Bestreichen

1 frischer Aal, ca. 1000 g
½ TL Salz
⅓ TL Pfeffer
etwas Muskat
2 EL Butter
250 g Champignons, geputzt und gehackt
2 EL Schalotten, geschält und gehackt
1 Bund Petersilienblätter, gewaschen und gehackt

Marinade
½ l herber Weißwein
1 EL Cognac
1 TL Öl
1 Zwiebel, in Scheiben geschnitten
1 Bund Petersilie, gewaschen und grob gehackt
1 Zehe Knoblauch, ungeschält und zerdrückt

Farce
600 g weißes Fischfilet ohne Haut und Gräten
250 g Weißbrot, entrindet, in 2 dl Milch geweicht
100 g Butter
4 EL feingehackte Schalotten
1 EL feingehackte Petersilienblätter
1 Zehe Knoblauch, geschält und fein gehackt
1 TL Kerbelblätter, fein gehackt
2 Eier, 2 Eiweiß
abgeriebene Schale von ½ Zitrone
10 g Salz, 2 g Pfeffer
1 g geriebener Muskat
¼ l süße Sahne

Den Aal häuten und ausnehmen, Schwanz und Kopf abschneiden, das Fleisch in 6 cm lange Stücke schneiden, von den Gräten lösen und mit den Gewürzen bestreuen und in eine Schüssel legen. Alle Marinadezutaten miteinander vermischen, über die Aalstücke gießen und zugedeckt 5 Stunden im Kühlschrank marinieren, zwischendurch wenden. Inzwischen die Farce zubereiten. Das Fischfleisch mit dem Weißbrot fein durchpassieren. Die Butter in einer Pfanne erhitzen, Schalotten, Petersilie, Knoblauch und Kerbel hinzugeben und 5 Minuten dünsten, zu dem Fisch geben. Nun Eier, Eiweiß, Zitronenschale und Gewürze dazugeben und alles kräftig und gut miteinander vermischen. Die Sahne gut unterrühren.

Die Aalstücke aus der Marinade nehmen, abtropfen lassen und mit Küchenkrepp abtrocknen. Die Butter in einer Pfanne erhitzen, die Aalstücke hineinlegen, schnell darin wenden, Champignons, Schalotten und Petersilie darüberstreuen und 8 Minuten dünsten. Nun nimmt man die Pfanne vom Herd, legt die Aalstücke auf einen Teller und schüttet den restlichen Pfanneninhalt zu der Farce. Jetzt gießt man die durchgesiebte Marinade in die Pfanne und kocht sie dickflüssig ein und gießt auch sie zur Farce.

Auslegen der Form, Füllen und Schließen der Pastete, wie auf Seite 23 beschrieben.
Backzeit: ca. 1½ Stunden bei 175 Grad.

Fertigstellung
(wie auf Seite 25 beschrieben).
Kalt: Gelee (Seite 22).
Warm: Krabbensauce (Seite 128).

Pastete von Fisch

Seezunge, Steinbutt, Scholle, Hecht, Kabeljau, Karpfen, Heilbutt, Schellfisch, Forelle.
Sie wird wie die Aalpastete zubereitet, nur wird anstelle des Aalfleisches das jeweilig gewünschte Fischfleisch verwendet. Auch kann man den Kerbel von Fall zu Fall durch Dill, Estragon oder Basilikum ersetzen.

Pastete von Langusten oder anderen Krustentieren

Wie Aalpastete zubereiten (Seite 26). Die Aalstücke werden durch Fleischstücke der Krustentiere ersetzt. Unter die Farce noch eine Krebs- oder Hummerbutter mischen.

Pastete von Krebsen

500 g Hefeteig (Seite 15), 1 Stunde warm stellen
1 Eigelb, in 2 TL kaltem Wasser geschlagen, zum Bestreichen

3 Kalbsbriese, 3 Stunden in kaltem Wasser gewässert
1 TL Salz
50 g Butter
300 g Champignons, geputzt, gewaschen, abgetrocknet und klein gehackt
5 Schalotten, geschält und klein gehackt
1 Bund Petersilienblätter, gewaschen und klein gehackt

Krebsbutter
30 Krebse
250 g Butter
1 dl trockener Weißwein
1 Messerspitze Cayennepfeffer

Farce
500 g Hühnerfleisch, zweimal durchgedreht
250 g mageres Kalbfleisch, zweimal durchgedreht
150 g entrindetes Weißbrot, in 1½ dl süßer Sahne geweicht, zweimal durchgedreht
2 Eier
1 Eiweiß
1 dl Cognac
½ dl trockener Weißwein
2½ TL Salz
¼ TL Pfeffer
die Krebsbutter
2 dl geschlagene süße Sahne

Zunächst die Krebsbutter zubereiten. Die Krebse gut waschen, kopfüber in gesalzenes, kochendes Wasser werfen und rot kochen. Den Sud auf 1 dl einkochen. Das Fleisch aus den Schalen ausbrechen und nach Entfernung des Darms auf einen Teller legen. Die Schalen und Scheren im Mörser fein

27

stoßen, mit der Butter vermischen und in einer Kasserolle auf kleinem Feuer ½ Stunde lang dünsten, dabei mehrmals mit einem Holzlöffel umrühren, etwas trockenen Weißwein sowie den eingekochten Sud zuschütten und auf die Hälfte einkochen, mit Cayennepfeffer würzen.

Währenddessen Wasser in einem genügend großen Topf zum Kochen bringen, die 3 Kalbsbriese hineinlegen, etwas Salz hinzugeben und 5 Minuten blanchieren, bis sie steif sind. In frischem Wasser abkühlen, häuten und in ½ cm dicke Scheiben schneiden, salzen. Die Butter in einem Topf erhitzen, Kalbsbriesscheiben mit den Champignons, Schalotten und Petersilie zusammen 15 Minuten dünsten. Vom Feuer nehmen.

Die Krebsbutter durch ein nasses Tuch in eine Schüssel mit Eiswasser drücken, wo sie sofort erstarrt. Nach einer Weile herausnehmen.

Alle Zutaten für die Farce, außer der geschlagenen Sahne, in einer Schüssel gut vermischen und mit einem Holzlöffel schlagen, damit die Masse sehr locker wird. Nun sorgfältig die Sahne unterziehen. Abschmecken, eventuell nachwürzen.

Auslegen der Form, Füllen und Schließen der Pastete, wie auf Seite 23 beschrieben. Man beginnt die Füllung mit einer Schicht Farce, belegt sie mit Kalbsbriesscheiben und Kräutern, auf die man eine Lage Krebsfleisch legt, und wiederholt dieses, zuletzt eine Schicht Farce. Backzeit: 1½ Stunden bei 180 Grad.

Fertigstellung
(wie auf Seite 25 beschrieben).
Warm und kalt.
Sauce: Krabbensauce (Seite 128), wobei die Hälfte der hergestellten Krebsbutter und Krebsschwänze anstelle der Krabben verwendet werden.

Pastete von Hering

500 g Mürbeteig (Seite 14), mindestens 1 Stunde kühl stellen
1 Eigelb, in 2 TL kaltem Wasser geschlagen, zum Bestreichen

6 Heringe
1 l Milch

Farce
1 kg Schellfisch oder anderes weißes Fischfleisch, von allen Gräten befreit und fein gehackt
125 g Butter
6 Schalotten, geschält, klein gehackt
1 Handvoll Petersilienblätter, klein gehackt
1 Knoblauchzehe, fein gehackt
4 Semmeln, entrindet, in Milch geweicht und ausgedrückt
6 Sardellen, entgrätet und gewässert, ausgedrückt und gehackt
50 g Parmesankäse, gerieben
3 Eigelb
½ l Milch
¼ l herber Weißwein
½ TL Salz, etwas Pfeffer und Muskat

750 g festkochende Kartoffeln
¼ l saure Sahne

Die Heringe 6 Stunden in Wasser legen. Herausnehmen und weitere 6 Stunden in ½ l Milch legen. Abspülen, abtrocknen, die Haut abziehen, der Länge nach halbieren und ausgräten, in 2 cm breite Stücke schneiden. Wieder 2 Stunden in ½ l Milch legen. Währenddessen die Farce zubereiten. Fischfleisch in eine Schüssel geben. Die Butter in einer Kasserolle erhitzen, Schalotten, Petersilie und Knoblauch hineingeben und weich dünsten. Zu dem Fischfleisch geben, ebenso alle anderen Zutaten, und alles sehr gut miteinander vermischen. Zuletzt mit einem Holzlöffel schlagen, bis die Masse sehr locker ist. Abschmecken,

eventuell nachwürzen. Zugedeckt stehen lassen.
Die Kartoffeln gar kochen, schälen, abkühlen lassen und in dünne Scheiben schneiden.

Auslegen der Form, Füllen und Schließen der Pastete, wie auf Seite 23 beschrieben. Die Füllung mit einer Schicht Farce beginnen, darauf eine Schicht Kartoffelscheiben, die man mit etwas saurer Sahne begießt, darauf eine Schicht Heringsstückchen und so fort, mit einer Schicht Farce abschließen.
Backzeit: ca. 1¼ Stunden bei 180 Grad.

Fertigstellung
(wie auf Seite 25 beschrieben).
Warm: Kapernsauce (Seite 131).

Pastete von Kalbfleisch

1 Rezept Mürbeteig (Seite 14),
12 Stunden kühl stellen
250 g sehr dünne Speckscheiben
zum Auslegen der Form
1 Eigelb, in 2 TL kaltem Wasser
geschlagen, zum Bestreichen.

Farce
500 g Kalbsnuß, zweimal durchgedreht
500 g fetter Speck, zweimal durchgedreht
1 Knoblauchzehe, geschält und fein gehackt
3 EL Trüffelsaft
2 Eier, 2 Eigelb
2 EL Cognac
15 g gewürztes Salz (Seite 22)
3½ dl süße Sahne

500 g Kalbsnuß
150 g fetter Speck, in ½ cm breite und 10 cm lange Streifen geschnitten
2 TL gewürztes Salz (Seite 22)
50 g Butter

3 Trüffeln, in ½ cm große Würfel geschnitten
250 g Champignons, geputzt, gewaschen, abgetrocknet (oder Konserve), in Scheiben geschnitten
1½ dl Cognac

Für die Farce Kalbsnuß und Speck in eine Schüssel geben. Knoblauch, Trüffelsaft, Eier, Eigelb, 2 EL Cognac und gewürztes Salz dazugeben. Gut miteinander vermischen, zugedeckt 1 Tag im Kühlschrank stehen lassen. Anschließend langsam die Sahne sehr gut unter die Fleischmasse mischen, die Masse ein wenig mit dem Holzlöffel schlagen, damit sie recht locker wird. Abschmecken, notfalls nachwürzen.
Die Speckstreifen in 2 TL gewürztem Salz wenden. Das Stück Kalbsnuß mit den Speckstreifen spicken. Die Butter in einer Pfanne erhitzen. Die Kalbsnuß schnell rundherum anbraten, herausnehmen. Trüffeln und Champignons hineingeben und 7 Minuten auf kleiner Flamme dünsten, herausnehmen. Cognac in die Pfanne gießen, einkochen lassen auf ca. 4 EL und dabei mit einem Holzlöffel allen Bratensatz abkratzen und über die Pilze gießen. Kalbsnuß in 1 cm dicke Scheiben schneiden.

Auslegen der Form, Füllen und Schließen der Pastete, wie auf Seite 23 beschrieben. Die Farce abwechselnd mit den Kalbfleischscheiben einfüllen und mit den gemischten Pilzen bedecken.
Backzeit: ca. 1¼ Stunden bei 180 Grad.

Fertigstellung
(wie auf Seite 25 beschrieben).
Warm: Champignonsauce (Seite 129) oder Trüffelsauce (Seite 132).
Kalt: Fleischglace (Seite 21).

Pastete von Hammel

Wird wie Kalbfleischpastete zubereitet, nur wird die Kalbsnuß gegen Hammelnüßchen ausgewechselt, die man kurz in Butter von allen Seiten anbrät und dann ganz zwischen die Farce legt. Fertigstellung warm mit Trüffelsauce (Seite 132).

Pastete von Ochsenzunge

500 g Mürbeteig (Seite 14),
mindestens 1 Stunde kühl stellen
250 g sehr dünne Speckscheiben
zum Auslegen der Form
1 Eigelb, in 2 TL kaltem Wasser
geschlagen, zum Bestreichen

1 mittelgroße Ochsenzunge
½ TL Salz, 4 Pfefferkörner
1 Lorbeerblatt
1 Bund Suppenkraut, grob gehackt
1 Bund Petersilie, 1 TL Thymian

Farce
50 g Butter
125 g Champignons, geputzt, gewaschen, abgetrocknet, klein gehackt
1 Bund Petersilienblätter, gewaschen und fein gehackt
1 Knoblauchzehe, geschält und klein gehackt
1 Zwiebel, geschält und klein gehackt
500 g Rindfleisch, mager, zweimal durchgedreht
200 g fetter frischer Speck, zweimal durchgedreht
200 g Butter, schaumig geschlagen
3 Eier
200 g Semmelbrösel, in
¼ l Milch geweicht
20 g gewürztes Salz (Seite 22)
1 dl Cognac
1 dl trockener Rotwein

2 große Gewürzgurken, in ½ cm breite Stängchen geschnitten

Die Zunge ca. 2 Stunden wässern. In einen Topf, der die Ochsenzunge gut faßt, kaltes Wasser schütten, so daß die Zunge gut bedeckt ist, zum Sieden bringen, dabei laufend abschäumen, herunterschalten. Das Gemüse und Gewürze hinzugeben und auf kleiner Flamme die Zunge weich kochen, vom Feuer nehmen. Die Zunge in der Brühe abkühlen lassen, dann häuten und in ½ cm dicke Scheiben schneiden. Für die Farce 50 g Butter in einem kleinen Topf erhitzen, die Champignons, Petersilie, Knoblauch und Zwiebel 5 Minuten darin auf kleiner Flamme dünsten. Vom Feuer nehmen. Nun alle Zutaten in eine große Schüssel geben, gut miteinander vermengen und mit einem Holzlöffel schlagen, damit die Masse recht locker wird. Abschmecken, notfalls nachwürzen.

Auslegen der Form, Füllen und Schließen der Pastete, wie auf Seite 23 beschrieben. Vor dem Einfüllen den Teig mit den Speckscheiben dicht belegen. Zunächst eine Schicht Farce einfüllen, dann Zungenscheiben und Gurkenstängchen, wiederholen, mit Farce abschließen.
Backzeit: ca. 1 Stunde bei 180 Grad.

Fertigstellung
(wie auf Seite 25 beschrieben).
Kalt und warm.
Sauce: Champignonsauce (Seite 129) oder Kapernsauce (Seite 131).

Pastete von Kaninchen

500 g Mürbeteig (Seite 14),
mindestens 1 Stunde kühl stellen
250 g sehr dünne Speckscheiben zum Auslegen der Form
1 Eigelb, in ½ TL kaltem Wasser geschlagen, zum Bestreichen

125 g fetter Speck in ca. ½ cm breiten Streifen zum Spicken
1 EL gewürztes Salz
1 Kaninchen, gehäutet und ausgenommen
250 g magerer roher Schinken, in 1 cm breite Streifen geschnitten
250 g fetter Speck, in ½ cm breite Streifen geschnitten
2 Trüffeln, in ½ cm große Würfel geschnitten
einige EL Trüffelsaft
1 dl Cognac

Farce
Restliches Kaninchenfleisch, Leber und Herz, zweimal durchgedreht
500 g Schweinefleisch, mager, zweimal durchgedreht
500 g frischer Speck, zweimal durchgedreht
1 Bund Schnittlauch, fein aufgeschnitten
1 Bund Petersilienblätter, klein gehackt
1 Zehe Knoblauch, geschält und klein gehackt
125 g Champignons, geputzt, gewaschen, abgetrocknet, fein gehackt
20 g gewürztes Salz (Seite 22)
¼ l herber Weißwein

Die Speckstreifen rundherum mit dem gewürzten Salz bestreuen. Das Kaninchenfleisch von den Knochen lösen. Die Filets vom Rücken und aus den Keulen mit den Speckstreifen spicken, in 1 cm breite Streifen schneiden, in eine Schüssel legen. Die Speck- und Schinkenstreifen dazugeben, ebenso die in Würfel geschnittenen Trüffeln, den Trüffelsaft und den Cognac. Zugedeckt 24 Stunden marinieren lassen.
Für die Farce das restliche Kaninchenfleisch mit einem kleinen, scharfen Messer vom Knochen lösen, von Seh-

nen befreien, zusammen mit Herz und Leber zweimal durch den Fleischwolf drehen. Mit den anderen durchgedrehten Fleischsorten in eine Schüssel geben. Die Kräuter, Knoblauch und Champignons, gewürztes Salz und den Weißwein hinzufügen, gut durcheinandermischen und mit einem Holzlöffel schlagen, damit die Masse recht locker wird. Auch zugedeckt im Kühlschrank bis zum nächsten Tag stehen lassen.
Fleisch, Speck und Schinken aus der Marinade nehmen. Die Marinade mit den Trüffeln unter die Farce mischen. Abschmecken, eventuell nachwürzen.

Auslegen der Form, Füllen und Schließen der Pastete, wie auf Seite 23 beschrieben. Farce abwechselnd mit Schichten aus in Längsrichtung gelegten Fleischstreifen von Speck, Kaninchenfleisch und Schinken einfüllen.
Backzeit: 1½ Stunden bei 180 Grad.

Fertigstellung
(wie auf Seite 25 beschrieben).
Kalt und warm.
Warm mit Trüffelsauce (Seite 132).

Pastete von Huhn

500 g Mürbeteig (Seite 14), mindestens 1 Stunde kühl stellen
250 g frischer Speck in hauchdünnen Scheiben zum Auslegen der Form
1 Eigelb, in ½ TL kaltem Wasser geschlagen, zum Bestreichen

1 Huhn, ca. 1½ kg, gerupft und ausgenommen
4 frische Hühnerlebern, geputzt
2 Trüffeln
1 EL Gewürzmischung (Seite 22)
1 dl Cognac

Farce
Restliches Hühnerfleisch, vom Kno-
chen gelöst, zweimal durchgedreht
400 g mageres Kalbfleisch, zweimal
durchgedreht
700 g frischer Speck, zweimal
durchgedreht
3 Eier
25 g gewürztes Salz (Seite 22)
¼ dl Cognac
1 EL Petersilienblätter, gehackt
einige EL Trüffelsaft von den konser-
vierten Trüffeln, wenn vorhanden

100 g Butter
4 Schalotten, geschält, klein gehackt
200 g Champignons, geputzt,
gewaschen, abgetrocknet, klein
gehackt
1 Zehe Knoblauch, geschält, fein
gehackt
½ dl Cognac

Die Haut von dem Huhn ablösen. Das
Brustfleisch ablösen, in ca. 1 cm breite
Streifen schneiden, in eine Schüssel
legen. Das Keulenfleisch ablösen, von
den Sehnen befreien, ebenso in 1 cm
breite Streifen schneiden, zu dem
Brustfleisch legen. Die Geflügelleber
in 1 cm große Würfel schneiden, in
eine andere Schüssel legen. Die Trüffeln in Stäbchen von ½ cm Dicke
schneiden, zu beiden Schüsseln dazugeben. Beide mit der Gewürzmischung bestreuen und den Cognac
darübergießen. Zudecken und möglichst 12 Stunden in den Kühlschrank
stellen.
Für die Farce die Fleischsorten und
den Speck in einer großen Schüssel
miteinander vermengen. Eier, gewürztes Salz, Cognac, Petersilie, Trüffelsaft dazugeben und gut unter das
Fleisch mischen, zugedeckt mindestens 2 Stunden stehen lassen.
Das Hühnerfleisch aus der Marinade
nehmen und auf Küchenkrepp legen.

50 g Buter in einer Pfanne erhitzen,
das Hühnerfleisch von allen Seiten
leicht anbraten, herausnehmen, auf
einen Teller legen. Die restlichen 50 g
Butter in die Pfanne geben und die
Hühnerleber von allen Seiten anbraten, Schalotten, Champignons und
Knoblauch hinzugeben und 5 Minuten
dünsten lassen, herausnehmen. Den
Cognac in die Pfanne gießen und alle
Bratenreste mit einem Holzlöffel von
der Pfanne kratzen, zu dem Fleisch
geben, ebenso die Marinade. Nun
nochmals alles sehr gut miteinander
vermischen.

Auslegen der Form, Füllen und
Schließen der Pastete, wie auf Seite 23 beschrieben. Zunächst Farce
einfüllen, abwechselnd mit Schichten
von Hühnerfleischstreifen, Leberstückchen und Trüffelstäbchen, bestreut mit Champignons und Schalotten. Mit Farce abschließen.
Backzeit: ca. 1¼ Stunden bei
175 Grad.

Fertigstellung
(wie auf Seite 25 beschrieben).
Kalt und warm.
Sauce: Geflügelsauce (Seite 130).

Lauchtorte, Rezept Seite 95

Pastete von Reh, Rezept Seite 37

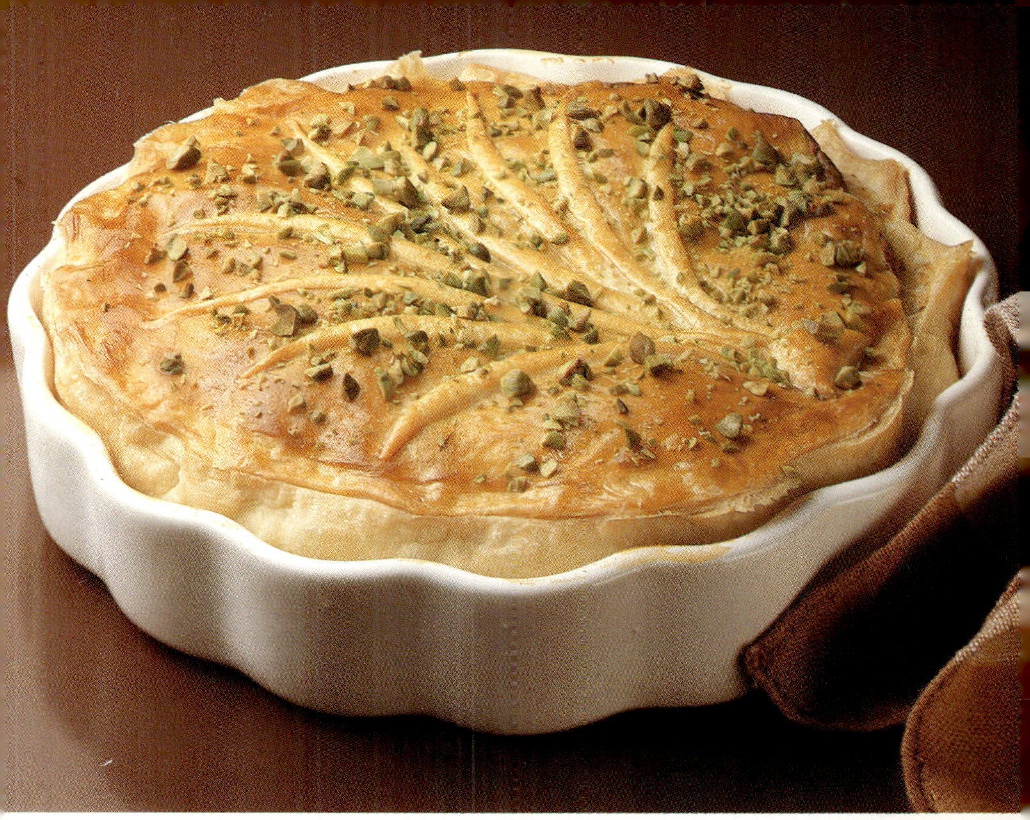

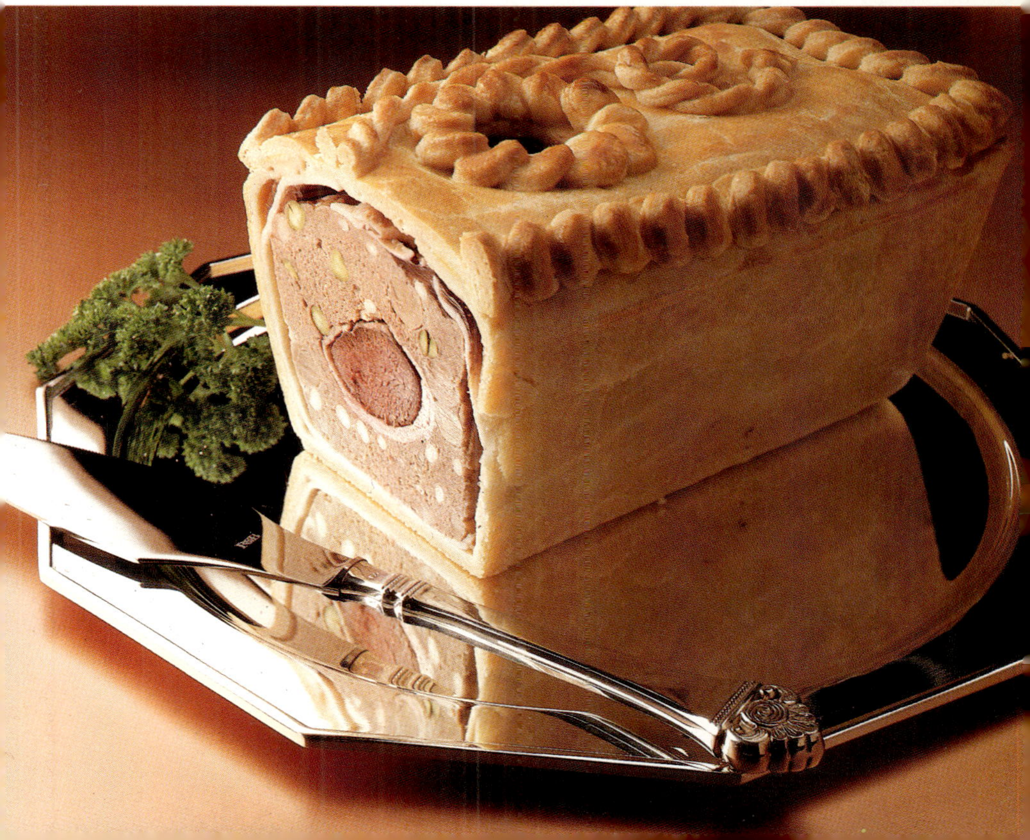

Pastete von Ente

500 g Mürbeteig (Seite 14), mindestens
1 Stunde kühl stellen
250 g fetter Speck in sehr dünnen
Scheiben zum Auslegen der Form
1 Eigelb, mit 2 TL Wasser geschlagen,
zum Bestreichen

1 Ente von ca. 2 kg, ausgenommen

Farce 1
Keulenfleisch der Ente
50 g fetter Speck, gehackt
100 g Geflügelleber
1 Entenleber
5 g Schalotten, geschält und gehackt
20 g Champignons, geputzt,
gewaschen, grob gehackt
1 Messerspitze Thymian
5 g gewürztes Salz (Seite 22)
½ Lorbeerblatt
3 EL Calvados
1 Trüffel, gehackt

Farce 2
Restliches Entenfleisch, von den Knochen gelöst, zweimal durchgedreht
200 g mageres Kalbfleisch, zweimal
durchgedreht
300 g fetter Speck, zweimal
durchgedreht
2 Eier
15 g gewürztes Salz (Seite 22)
1 dl Cognac

40 g Butter
250 g Champignons, in Scheiben
geschnitten (Konserve)
2 Trüffeln, in rechteckige, kleine
Würfel geschnitten

Die Ente im Ofen braten oder grillen,
sie soll aber noch blutig von innen
sein, herausnehmen, etwas abkühlen
lassen. Die Haut entfernen. Das
Brustfleisch ablösen und der Länge
nach in ca. 1½ cm breite Streifen
schneiden, beiseite legen.

Für Farce 1 das Keulenfleisch von
Knochen und Sehnen befreien und
zweimal durch den Fleischwolf drehen, in eine Schüssel geben. Den gehackten fetten Speck in einer Pfanne
zergehen lassen. Wenn das Fett gut
heiß ist, die Leber schnell darin von
allen Seiten anbraten, damit sie fest
wird, herausnehmen, auf einen Teller
legen. Nun die Schalotten und Champignons hineingeben, Hitze herunterschalten, Thymian, gewürztes Salz
und Lorbeerblatt hinzufügen und etwa
5 Minuten dünsten. Zu der Leber geben. Calvados in die Pfanne gießen,
etwas einkochen und dabei mit einem
Holzlöffel den Bratensatz abkratzen.
Zu der Leber geben, Lorbeerblatt
entfernen, alles miteinander vermischen, zerdrücken, durch ein Haarsieb
streichen und zu dem Keulenfleisch
geben. Trüffel untermischen, zugedeckt stehen lassen.
Für Farce 2 alle Zutaten sehr gut miteinander vermischen und noch mit
einem Holzlöffel schlagen. Abschmecken, eventuell nachwürzen. Butter in der Pfanne schmelzen lassen, die Champignons und Trüffeln
darin 7 Minuten dünsten, herunternehmen.

Auslegen der Form, Füllen und
Schließen der Pastete, wie auf Seite 23 beschrieben. Boden und Wände
mit ⅔ der Farce 2 bestreichen. Nun
abwechselnd eine Schicht Streifen von
Brustfleisch mit Trüffeln und Champignonscheiben und eine Schicht der
Farce 1 einfüllen. Zuletzt das restliche
Drittel der Farce 2.
Backzeit: ca. 1½ Stunden bei
180 Grad.

Fertigstellung
(wie auf Seite 25 beschrieben).
Sauce: Rotweinsauce mit Entenleberpürree (Seite 131).

Pastete von Gänseleber

Man nimmt die Leber einer Stopf-
gans. Das Stopfen der Gänse ist bei
uns verboten, doch werden sie von
Delkateßläden importiert und sind im
Winter ab Dezember bei uns erhält-
lich (allerdings sehr teuer).

500 g Hefeteig (Seite 15), warm stellen
250 g fetter Speck in sehr dünnen
Scheiben zum Auslegen der Form
1 Eigelb, in 2 TL kaltem Wasser
geschlagen, zum Bestreichen

700 g Stopfgänseleber
3 Trüffeln
½ l Portwein
2 EL Cognac

Farce
100 g Butter
250 g fetter Speck, in ½ cm große
Würfel geschnitten
300 g Geflügelleber, von Sehnen be-
freit, in mittelgroße Stücke geschnitten
75 g Champignons, geputzt und klein
gehackt
40 g Schalotten, geschält und klein
gehackt
10 g gewürztes Salz (Seite 22)
1½ dl herber Weißwein
3 Eigelb
einige EL Trüffelsaft aus dem Glas,
wenn vorhanden

Leber rundherum glatt schneiden und
von allen Sehnen, Äderchen und
grauen Teilen befreien. Die Trüffeln
in kleine Stäbchen schneiden und die
Leber damit spicken. Portwein und
Cognac erhitzen und die Leber darin
auf kleiner Flamme halbgar kochen.
Herausnehmen.
Für die Farce 10 g Butter in der Pfanne erhitzen, den Speck hinzugeben,
etwas auslassen, mit einem Schaum-
löffel herausnehmen. Nun die Geflü-

gelleber in derselben Butter von allen
Seiten anbraten. Champignons, Schalotten und Salz dazugeben und ca. 2
Minuten auf starker Hitze dünsten,
zum Speck geben. Den Weißwein und
die Marinade in die Pfanne gießen,
auf etwa 1½ dl einkochen und dabei
mit einem Holzlöffel den gesamten
Bratensatz von der Pfanne kratzen.
Alles zu der Leber geben und durch
den Fleischwolf drehen. Die restliche
Butter schaumig schlagen, unter die
Farce mischen, ebenso die Eigelb, gewürztes Salz und den Trüffelsaft, und
alles gut vermischen, noch ein wenig
mit dem Holzlöffel schlagen, um die
Masse recht geschmeidig und locker
zu machen. Abschmecken, eventuell
nachwürzen.

Auslegen der Form, Füllen und
Schließen der Pastete, wie auf Seite 23 beschrieben. Die Gänseleber in
die Mitte der Farce einbetten.
Backzeit: ca. 1 Stunde bei 180 Grad.

Fertigstellung
(wie auf Seite 25 beschrieben).
Kalt: Gelee (Seite 22).

Pastete von Hasen

500 g Mürbeteig (Seite 14), mindestens
1 Stunde kühl stellen
300 g frischer Speck in sehr dünnen
Scheiben zum Auslegen der Form
1 Eigelb, in ½ TL kaltem Wasser
geschlagen, zum Bestreichen

1 junger Hase, gesäubert und gehäutet
1 TL Gewürzmischung (Seite 22)
30 g Butter
6 Champignons, klein gehackt
1 Trüffel, klein geschnitten
6 Schalotten, geschält und gehackt
1 EL Petersilienblätter, gehackt
½ dl Cognac

Farce
*Restliches Hasenfleisch, vom Knochen
gelöst, entsehnt, zweimal durchgedreht
die Hasenleber, durchgedreht
200 g Kalbfleisch, zweimal durchgedreht
400 g frischer Speck, zweimal
durchgedreht
2 Eier
12 g gewürztes Salz (Seite 22)
½ dl Cognac
abgeriebene Schale von ½ Zitrone
½ dl Madeira
50 g Pistazien*

Die kleinen und großen Filets vom
Hasen im ganzen vorsichtig in finger-
starke Stücke schneiden und mit der
Gewürzmischung bestreuen. In einer
Pfanne die Butter erhitzen, die Filetstücke hineinlegen, von allen Seiten
anbraten und auf einen Teller legen.
Dann die Champignons, Trüffel,
Schalotten und Petersilie hinzufügen
und alles auf milder Flamme 5 Minuten dünsten. Nun den Cognac hinzugießen, den Bratsatz loskochen, auf
2 cl einkochen, weitere 3 Minuten
dünsten. Die Pfanne vom Feuer nehmen und beiseite stellen. Abgekühlt
unter die Farce mischen.
Für die Farce alle Zutaten in einer
großen Schüssel sehr gut miteinander
vermischen. Die Pistazien unterziehen. Abschmecken und notfalls nachwürzen. Zugedeckt im Kühlschrank
2 Stunden stehen lassen.

Auslegen der Form, Füllen und
Schließen der Pastete, wie auf Sei-
te 23 beschrieben.
Backzeit: 1¼ Stunden bei 180 Grad.

Fertigstellung
(wie auf Seite 25 beschrieben).
Kalt: Madeira oder Gelee (Seite 22).
Warm: Trüffelsauce (Seite 132).

Pastete von Reh   Foto Seite 33

*500 g Pastetenauslegeteig (Seite 14),
kühl stellen
400 g fetter Speck, in sehr dünne
Scheiben geschnitten
1 Eigelb, in 2 TL kaltem Wasser
geschlagen, zum Bestreichen*

*1500 g Rehrücken, gehäutet
150 g fetter Speck, in dünne Scheiben
geschnitten
1 dl Cognac
1 dl Madeira
2 TL Gewürzmischung (Seite 22)*

Farce
*Restliches Rehfleisch, vom Knochen
gelöst, zweimal durchgedreht
noch 500 g Rehfleisch, zweimal
durchgedreht
50 g Butter
1 Zwiebel, geschält, fein gehackt
250 g Champignons, geputzt,
gewaschen, abgetrocknet, gehackt
1 Bund Petersilienblätter,
fein gehackt
400 g fetter Speck, zweimal durchgedreht
100 g fetter Speck, in ½ cm große
Würfel geschnitten
1 Trüffel, gehackt
25 g gewürztes Salz (Seite 22)
½ dl Cognac
50 g Pistazien, geschält, ungesalzen
2 Eier*

Extrakt
*Die zerstoßenen Rehknochen
2 dl herber Weißwein
1 dl Madeira
1 Zwiebel, geviertelt
1 Karotte, geschält und gedrittelt
1 Lorbeerblatt
1 Messerspitze Thymian*

Das Filet von den Knochen lösen und
zusammen mit den Speckscheiben in

eine Schüssel legen, mit der Gewürzmischung bestreuen, mit Cognac und Madeira begießen. Zugedeckt 24 Stunden im Kühlschrank stehen lassen.

Für die Farce das durchgedrehte Fleisch zusammen in eine Schüssel geben. In einer Pfanne die Butter schmelzen lassen, Zwiebel, Champignons und Petersilie hineingeben, auf kleiner Flamme 8 Minuten dünsten lassen, zu dem Fleisch geben. Marinade in die Pfanne gießen und dickflüssig einkochen. Alle restlichen Zutaten auch zu dem Fleisch geben und alles sehr gut miteinander verkneten, mit einem Holzlöffel schlagen, bis die Farce schön locker ist. Abschmecken, eventuell nachwürzen. Zugedeckt im Kühlschrank einige Stunden stehen lassen.

Für den Extrakt die Knochen in einen kleinen Topf geben, mit Weißwein, Madeira und etwas Wasser bedecken, langsam zum Kochen bringen, dabei mehrmals abschäumen. Die Gemüse und Gewürze hinzugeben und auf kleiner Flamme auf die Hälfte einkochen. Durch ein feines Sieb gießen und auf etwa 1 dl einkochen, er soll dickflüssig sein.

Auslegen der Form, Füllen und Schließen der Pastete, wie auf Seite 23 beschrieben. Die Hälfte der Farce einfüllen, die Filets in die Speckscheiben hüllen, in Längsrichtung darauflegen und mit der restlichen Farce abschließen.
Backzeit: ca. 1½ Stunden bei 180 Grad.
Nach dem Herausnehmen der Pastete den Extrakt in die Öffnung gießen.

Fertigstellung
(wie auf Seite 25 beschrieben).
Kalt und warm.
Sauce: Trüffelsauce (Seite 132).

Pastete von Fasan

500 g Schneller Blätterteig (Seite 15), kühl stellen, oder Tiefkühlblätterteig
400 g fetter Speck in sehr dünnen Scheiben zum Auslegen der Form
1 Eigelb, mit 2 TL Wasser geschlagen, zum Bestreichen

1 Fasan, gerupft und ausgenommen
1 TL gewürztes Salz (Seite 22)
100 g fetter Speck, in sehr dünnen Scheiben
200 g Gänseleber (notfalls frische Hühnerleber)
2 Trüffeln, in ½ cm dicke, längliche Stifte geschnitten
½ dl Madeira
2 dünne Scheiben fetter Speck, ca. 8 × 20 cm groß

Farce
1 junges Huhn, gerupft und ausgenommen, Haut, Knochen und Sehnen entfernt, zweimal durchgedreht
die Hühner- und Fasanenleber, durchgedreht
400 g fetter Speck, zweimal durchgedreht
200 g gekochter Schinken, durchgedreht
50 g Butter
250 g Champignons, geputzt, gewaschen, abgetrocknet, grob gehackt
1 kleine Zwiebel, geschält und grob gehackt
1 dl Cognac
20 g gewürztes Salz (Seite 22)

Den Fasan entbeinen (Seite 55). Innen mit gewürztem Salz bestreuen und mit Speckscheiben belegen. Mit den Trüffeln die Gänselebern spicken. Trüffelreste beiseite stellen. In eine kleine Schüssel geben und mit dem Madeira begießen. Zudecken.
Für die Farce das Hühnerfleisch, Fasanen- und Hühnerleber, den Speck,

38

den gekochten Schinken sowie die Trüffelreste in eine Schüssel geben. In einer Pfanne die Butter schmelzen, Champignons und Zwiebel hineingeben und auf kleiner Flamme 10 Minuten dünsten. Zu dem Fleisch geben. Cognac, gewürztes Salz und die Marinade der Gänseleber dazugeben und alles sehr gut miteinander vermischen, dann noch etwas mit einem Holzlöffel schlagen, damit die Farce locker wird. Abschmecken, eventuell nachwürzen.
Etwa mit $\frac{1}{3}$ der Farce die Innenseiten des Fasans bestreichen. In die Mitte die 2 Speckscheiben nebeneinanderlegen, darauf je eine Reihe von Gänseleber setzen. Den unbelegten Teil der jeweiligen Speckscheiben über die Gänseleber klappen. Den Fasan zusammenrollen.

Auslegen der Form, Füllen und Schließen der Pastete, wie auf Seite 23 beschrieben. Die Hälfte der restlichen Farce in die zubereitete Pastetenform geben, den zusammengerollten Fasan darauflegen, etwas in die Farce drücken und nun die restliche Farce einfüllen.
Backzeit: ca. 1½ Stunden bei 180 Grad.

Fertigstellung
(wie auf Seite 25 beschrieben).
Warm und kalt.
Sauce: Trüffelsauce (Seite 132).

Pastete von Rebhuhn

Wie Pastete von Fasan zubereiten.

Pastete von Wachteln

500 g Mürbeteig (Seite 14),
12 Stunden kalt stellen
300 g fetter Speck in hauchdünnen
Scheiben zum Auslegen der Form
1 Eigelb, in ½ TL kaltem Wasser
geschlagen

4 Wachteln, gerupft und ausgenommen
2 TL gewürztes Salz (Seite 22)
½ dl Cognac
4 etwa nußgroße Stücke Gänseleber
(ersatzweise frische Hühnerleber)
2 Trüffeln, halbiert
4 Scheiben Speck, in ca. 10 × 20 cm
große, sehr dünne Scheiben
geschnitten

Farce 1
250 g Wildfleisch, entsehnt und durchgedreht (Reh oder Hase)
25 g Butter
125 g fetter Speck, in grobe Würfel geschnitten
250 g Wildleber, in grobe Stücke geschnitten (Reh oder Hase)
50 g Gänseleber, in grobe Stücke geschnitten (ersatzweise frische Hühnerleber)
80 g Champignons, geputzt, gewaschen, abgetrocknet, grob gehackt
1 Zwiebel, geschält und grob gehackt
15 g gewürztes Salz (Seite 22)
1 dl Madeira
3 Eigelb

Farce 2
300 g mageres Kalbfleisch, zweimal durchgedreht
200 g mageres Schweinefleisch, zweimal durchgedreht
200 g frischer fetter Speck, zweimal durchgedreht
15 g gewürztes Salz (Seite 22)
½ dl Cognac
1 Ei

Extrakt
Die zerstoßenen Knochen der
Wachteln
2 dl Weißwein
1 Zwiebel, geschält und geviertelt
1 Lorbeerblatt
1 Karotte, geschält und in grobe Stücke
geschnitten
1 Bund Petersilie
1 Zweig Thymian
etwas Salz und Pfeffer
1 dl Madeira

Die Wachteln entbeinen (Seite 55). Knochen beiseite legen. Innen mit gewürztem Salz bestreuen und mit Cognac beträufeln, beiseite legen. Inzwischen Farce 1 zubereiten. Das durchgedrehte Wildfleisch in eine Schüssel geben. In einer kleinen Pfanne die Butter erhitzen, den Speck hinzugeben, 5 Minuten auf kleiner Flamme braten und dabei mehrmals umwenden. Den Speck herausnehmen und auf einen Teller legen. In derselben Butter nun die Wildleberstücke schnell von allen Seiten anbraten, den Speck wieder hineingeben, Champignons und Zwiebel hinzufügen und etwa 3 Minuten dünsten. Alles durch den Fleischwolf drehen, zu dem Wildfleisch geben, mit gewürztem Salz abschmecken. Den Madeira in die Pfanne gießen und schnell mit einem Löffel den Bratensatz von der Pfanne kratzen, auf ca. 4 cl einkochen, zu dem Fleisch gießen. 3 Eigelb hinzufügen. Alles gut durchkneten.
Jede Wachtel von innen mit einer dünnen Schicht dieser Farce bestreichen, in die Mitte ein Stück Gänseleber legen, in die man die Hälfte einer Trüffel einschließt. Die Wachteln wieder zusammenrollen und jede mit einer Speckscheibe umwickeln.
Für die Farce 2 alle Zutaten gut vermischen und mit einem Holzlöffel schlagen, damit die Farce gut locker wird. Abschmecken, eventuell nachwürzen.

Auslegen der Form, Füllen und Schließen der Pastete, wie auf Seite 23 beschrieben. Mit einer 1 cm Schicht der Farce 2 Boden und Wände bestreichen, darauf eine dünne Schicht der Farce 1 geben. Darauf 2 Wachteln in Längsrichtung legen und ein wenig eindrücken in die Farce. Eine Schicht der Farce 1 auf die Wachteln geben. Die anderen beiden Wachteln einlegen, wieder etwas eindrücken, mit Farce 1 bedecken und darauf den Rest der Farce 2. Backzeit: ca. 1½ Stunden bei 180 Grad.

In der Zwischenzeit den Extrakt zubereiten. Die Knochen in einen kleinen Topf geben, mit Weißwein und Wasser bedecken, langsam zum Sieden bringen, dabei abschäumen. Die anderen Zutaten, außer Madeira, hinzugeben und auf kleiner Flamme auf die Hälfte einkochen lassen. Durch ein feines Sieb gießen und nochmals auf die Hälfte einkochen. Madeira hinzufügen und kochen, bis etwa 1 dl übrigbleibt. Durch die Öffnung in die Pastete gießen (falls man den Extrakt nicht zu einer Sauce benötigt).

Fertigstellung
(wie auf Seite 25 beschrieben).
Warm und kalt.
Sauce: Trüffelsauce (Seite 132).

Terrinen

Allgemeine Grundbeschreibung

Auslegen der Form

Man verwendet eine Steingutform oder eine andere feuerfeste Form mit Deckel. Die Form wird mit sehr dünnen, sich ein wenig überlappenden Speckscheiben ausgelegt. Wenn die Speckscheiben so lang sind, daß sie über die Oberkante der Terrine reichen, so klappt man sie nach außen und legt sie später über die Füllung. Bei den Fischterrinen fettet man die Terrine mit Butter ein, statt sie mit Speckstreifen auszulegen.

Füllen der Terrine

Man füllt eine ca. 1 cm dicke Schicht Farce in die Form und glättet sie. Hierauf legt man der Länge nach abwechselnd nebeneinander die Fleisch- oder Fischstückchen, Speckstreifen, Schinkenstreifen, Zungenstreifen usw. sowie die Trüffelstücke, Pilze und andere Zutaten, je nach Rezept. Man bedeckt alles mit einer Schicht Farce und wiederholt den Vorgang noch ein- oder zweimal. Den Abschluß bildet eine Schicht Farce. Darauf achten, daß keine Hohlräume entstehen. Nun klappt man die Speckstreifen über die Farce, und, falls sie die Füllung nicht ganz bedecken, legt noch weitere Speckstreifen darauf, bis die Farce ganz mit ihnen bedeckt ist. Hierauf legt man ein Lorbeerblatt.

Schließen der Terrine

Man deckt die Oberfläche gut mit Alufolie ab und setzt den Deckel der Terrine auf. Oder man rührt eine dickliche Mehlpaste aus etwas Mehl und Wasser an, bestreicht damit dick den Terrinenrand und drückt erst jetzt den Deckel darauf.

Backen

Den Ofen auf 180 Grad vorheizen. Die Pastetenform in ein großes, feuerfestes Geschirr stellen, in das man kochendheißes Wasser füllt, so daß die Terrine bis zur Hälfte in dem Wasser steht. Die Backzeit beträgt im allgemeinen ca. 2 Stunden. An dem aufsteigenden Saft (er tritt von selbst aus oder man muß den Deckel lösen) kann man erkennen, ob die Pastete gar ist. Er muß hellgelb und klar sein.

41

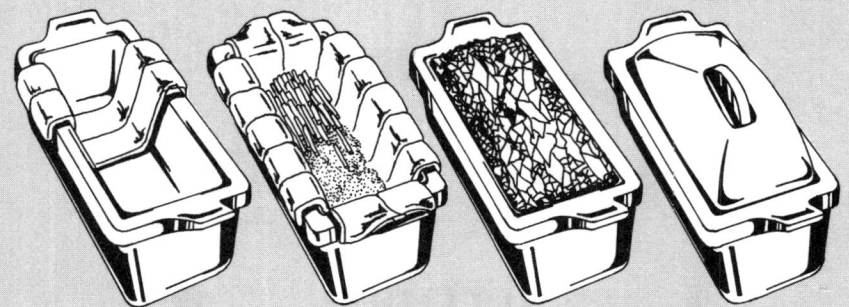

Auslegen der Form, Füllen und Schließen der Terrine

*Querschnitt durch die rohe Terrine,
im Wasserbad stehend*

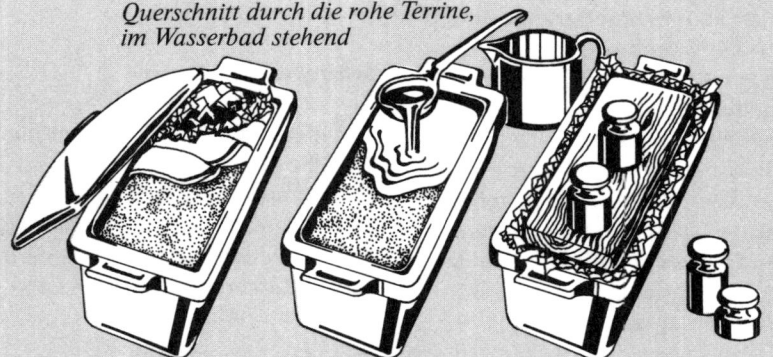

Öffnen, Ausgießen und Beschweren der Terrine

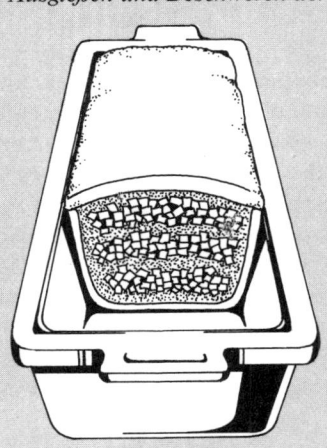

Terrine im Anschnitt

Fertigstellung

Die Pastete aus dem Ofen nehmen, auf Zimmertemperatur abkühlen lassen. Deckel und Folie entfernen, den eingekochten Extrakt eingießen, wenn im Rezept verlangt. Neue Folie auflegen, mit einem Brett und einem ca. 2–3 Pfund schweren Gewicht beschweren. In den Kühlschrank stellen. Die Terrine sollte mindestens 24 Stunden vor dem Servieren fertiggestellt sein. Besser schmeckt sie, wenn sie 2–3 Tage gestanden hat. Sie kann auch 8 Tage stehen. Will man sie noch länger aufheben, muß man nach dem Abkühlen geschmolzenes Schweineschmalz über die Pastete gießen, so daß sie darin eingeschlossen ist. Nun bedeckt man sie mit Pergamentpapier, legt den Deckel darauf und verschließt sie mit Alufolie (hält dann, kühl aufbewahrt, einige Wochen).

Servieren

Man gibt die Pastete in der Form auf den Tisch und schneidet sie senkrecht in ca. 1 cm dicke Scheiben. Zur Terrine serviert man Brot, Toast, Cornichons und eventuell Salat. Aber auch zu Kartoffeln schmeckt sie gut. Man kann sie auch zusammen mit einer Sauce servieren, wie die Pasteten im Teigmantel, oder mit einem mit Portwein, Sherry oder Madeira aromatisierten Gelee.

Rezepte

Für 10–12 Personen, wenn nicht anders angegeben.

Terrine von Lachs

750 g Lachs, gehäutet und entgrätet, in 3 cm dicke Scheiben geschnitten
½ dl Cognac
½ dl herber Weißwein
¼ TL Salz, etwas Pfeffer

Farce
600 g Schellfischfilet, gehäutet und entgrätet
175 g entrindetes Weißbrot, in 1½ dl Milch geweicht
10 g Butter
3 EL Zwiebel, geschält, in feine Scheiben geschnitten
1 EL Petersilienblätter, fein gehackt
100 g Butter, schaumig gerührt
2 Eier, leicht geschlagen
2 TL Salz
⅓ TL weißer Pfeffer, Muskat
2 Trüffeln, in kleine Würfel geschnitten
2 dl geschlagene Sahne

Zum Füllen
1 TL Butter für die Form
½ Tasse Mehl
einige EL kaltes Wasser

In einer Schüssel Cognac, Weißwein und Gewürze mischen, die Lachsscheiben hineinlegen, darin wenden und 6 Stunden zugedeckt im Kühlschrank marinieren.
10 g Butter in der Pfanne zergehen lassen und die Zwiebeln darin weich dünsten, zu dem Schellfisch geben. Petersilie in die Pfanne geben, etwas Marinade zugießen, etwas einkochen. Fisch, Weißbrot und Zwiebeln zweimal durchdrehen und durch ein feines

Sieb oder die Gemüsemühle passieren. Die Petersilie, Butter, Eier, Gewürze und Trüffeln zugeben und kräftig rührend alles vermischen. Nun sorgfältig die Sahne unterziehen. Zugedeckt bis zur Verwendung im Kühlschrank aufbewahren. Die Lachsscheiben aus der Marinade nehmen und auf einen Teller legen, die Marinade zu der Farce gießen und gut untermischen, eventuell nachwürzen.

Form mit Butter ausstreichen. Füllen und Schließen der Terrine, wie auf Seite 41 beschrieben. Backzeit: ca 2½ Stunden bei 180 Grad. Fertigstellung Seite 43.

Terrine von Schinken und Kalbfleisch

1 TL Gewürzmischung (Seite 22)
½ TL Salz
150 g fetter Speck, in ½ cm dicke und ½ cm breite Streifen geschnitten
500 g Kalbsnuß
2 dl Madeira
300 g mageres Schweinefleisch, in ½ cm dicke und 1 cm breite Streifen geschnitten
400 g gekochter, magerer Schinken, in ½ cm große Würfel geschnitten

Farce
250 g fetter Speck, einmal durchgedreht
250 g mageres Schweinefleisch, einmal durchgedreht
125 g mageres Kalbfleisch, einmal durchgedreht
1 Bund Petersilienblätter, gehackt
1 Zehe Knoblauch, geschält und fein gehackt
1–2 Trüffeln, in kleine Würfel geschnitten
2 Eier, ¾ dl Cognac
50 g ungesalzene Pistazien, geschält
15 g gewürztes Salz (Seite 22)

Zum Füllen
300 g fetter Speck, in sehr dünne Scheiben geschnitten
1 Lorbeerblatt
½ Tasse Mehl
einige EL kaltes Wasser

Auf einem Teller ½ TL Gewürzmischung, Salz und Pfeffer vermischen, die Speckstreifen darin wenden. Die Kalbsnuß mit diesen Speckstreifen spicken, anschließend in ½ cm dicke und 1 cm breite Streifen schneiden. In einer Schüssel den Rest der Gewürzmischung und Madeira vermischen. Alles Fleisch und den Schinken hineinlegen, die Schüssel etwas hin und her kippen, damit das Fleisch von allen Seiten befeuchtet ist. 24 Stunden zugedeckt kühl marinieren. Für die Farce alle Zutaten gut miteinander vermischen, zum Schluß noch mit einem Holzlöffel schlagen, damit die Farce locker wird. Zugedeckt 24 Stunden kühl stellen. Die Fleischstücke aus der Marinade nehmen, die Marinade unter die Farce mischen. Abschmecken, eventuell nachwürzen.

Auslegen der Form, Füllen und Schließen der Terrine, wie auf Seite 41 beschrieben. Backzeit: ca. 2 Stunden bei 180 Grad. Fertigstellung Seite 43.

Terrine von Kalbsleber
Titelfoto

Für 6–8 Personen

Farce
600 g Kalbsleber, gehäutet, von großen Sehnen befreit
2 EL Butter
150 g Kalbsleber, gehäutet, in ¾ cm große Würfel geschnitten

2 Zwiebeln, geschält, sehr fein gehackt
1 Knoblauchzehe, geschält, fein
gehackt
1 dl guter Cognac
600 g Schweinebauch, zweimal fein
durchgedreht
3 EL Estragonblätter, fein gehackt
2 EL Petersilienblätter, fein gehackt
1 TL Thymian
2 Eier, leicht geschlagen
3 TL Salz, ½ TL Pfeffer
2 TL Sardellenpaste
etwas Cayennepfeffer
2 dl süße Sahne
1 dl Madeira
2 EL Butter
2 EL Mehl
1 dl Sahne
(150 g gepökelte Zunge, gehäutet,
in 1 cm große Würfel geschnitten)
10 g Spitzmorcheln, 1 Stunde in
lauwarmem Wasser gewässert und
ausgedrückt
200 g Champignons aus der Konserve

Zum Füllen
300 g fetter frischer Speck, in sehr
dünne Scheiben geschnitten
1 Lorbeerblatt
½ Tasse Mehl
einige EL kaltes Wasser

600 g Kalbsleber zweimal sehr fein
durchdrehen oder mit den 2 dl Sahne
in mehreren Portionen im Mixer pürieren. In eine Schüssel geben.
2 EL Butter in der Pfanne erhitzen
und die Leberwürfel schnell darin von
allen Seiten anbraten, herausnehmen
und beiseite stellen. Nun Zwiebel und
Knoblauch in die Pfanne schütten und
rundherum hellbraun werden lassen.
Mit dem Cognac aufgießen, den
Bratsatz losschaben und zur durchgedrehten Leber geben, ebenso das
Schweinefleisch, Estragon, Petersilie,
Thymian, Eier, Salz, Pfeffer, Sardellenpaste, Cayennepfeffer, 2 dl süße

Sahne (wenn im Mixer noch nicht verwendet), Madeira.
Nun die 2 EL Butter erhitzen, Mehl
darüberstreuen, anschwitzen lassen,
mit der Sahne aufgießen, kurz aufkochen lassen und auch zu den restlichen
Zutaten schütten. Alles gut miteinander vermengen und mit einem Holzlöffel schlagen, damit die Farce glatt
und luftig wird. Am Schluß die Leberwürfel, eventuell die Zungenwürfel,
Spitzmorcheln und Champignons im
ganzen unterziehen.

Auslegen der Form, Füllen und
Schließen der Terrine, wie auf Sei-
te 41 beschrieben.
Backzeit: 2 Stunden bei 180 Grad.
Fertigstellung Seite 43.
Sauce Cumberlandsauce (Seite 130).

Terrine von Huhn Foto Seite 51

1 Huhn, ca. 1½ kg, gerupft und
ausgenommen
1 dl Cognac
½ TL Gewürzmischung (Seite 22)
Brustfleisch des Huhns, in 1 cm breite
Streifen geschnitten
125 g gekochter Schinken,
in 1 cm breite Streifen geschnitten

Farce
250 g mageres Kalbfleisch, zweimal
durchgedreht
400 g fetter frischer Speck, zweimal
durchgedreht
das restliche Hühnerfleisch, zweimal
durchgedreht
die Hühnerleber, klein gehackt
2 Eier
15 g gewürztes Salz (Seite 22)
1 EL Butter
3 Schalotten, geputzt und klein
gehackt
100 g Champignons
30 g ungesalzene Pistazien, geschält

Zum Füllen
Extrakt von Geflügel (Seite 17)
300 g fetter Speck, in sehr dünne
Scheiben geschnitten
2 Lorbeerblätter
½ Tasse Mehl
'einige EL kaltes Wasser

Das Huhn häuten und das Fleisch von den Knochen lösen, Sehnen entfernen. Knochen, Gerippe und Innereien (außer Leber) für den Extrakt aufbewahren.
In einer Schüssel Cognac und Gewürzmischung vermischen. Das Brustfleisch und den Schinken darin wenden und 12 Stunden im Kühlschrank marinieren.
Für die Farce die durchgedrehten Fleischsorten, die Hühnerleber, die Eier und gewürztes Salz zusammen in eine Schüssel geben. Alles gut durchkneten und am Ende mit einem Holzlöffel schlagen, damit die Masse lokker wird. In einer Pfanne die Butter erhitzen und die Schalotten und Champignons kurz darin dünsten. Zu dem Fleisch geben.
Brustfleisch und Schinken aus der Marinade nehmen, auf einen Teller legen. Die Marinade unter die Farce mischen. Abschmecken, eventuell nachwürzen. 2 Stunden zugedeckt stehen lassen.

Auslegen der Form, Füllen und Schließen der Terrine, wie auf Seite 41 beschrieben.
Backzeit: ca. 2 Stunden bei 180 Grad.
Fertigstellung Seite 43.

Terrine von Truthuhn

1 Truthuhn von ca. 2 kg, gerupft und ausgenommen
½ TL gewürztes Salz (Seite 22)
100 g fetter Speck, in ½ cm quadratische Streifen geschnitten
einige EL Trüffelsaft, wenn vorhanden
½ TL Gewürzmischung (Seite 22)
1 dl Cognac
125 g Pökelzunge (Rind), gehäutet, in 1 cm große Würfel geschnitten
3 Trüffeln, in kleine Würfel geschnitten
2 dl Portwein
250 g Gänseleber, von Sehnen und grünen Stellen befreit (ersatzweise frische Geflügelleber)

Farce
Das restliche Truthuhnfleisch, zweimal durchgedreht
Herz und Leber vom Truthahn, durchgedreht
500 g fetter Speck, zweimal durchgedreht
250 g mageres Kalbfleisch, zweimal durchgedreht
3 Eier
1½ dl herber Weißwein
20 g gewürztes Salz (Seite 22)
50 g Butter
1 Zwiebel, geschält und fein gehackt
1 Bund Petersilienblätter, fein gehackt

Zum Füllen
Extrakt von Geflügel (Seite 17)
300 g fetter Speck, in sehr feine Scheiben geschnitten
2 Lorbeerblätter
½ Tasse Mehl, etwas kaltes Wasser

Das Fleisch vom Knochen lösen. Die Sehnen aus dem Keulenfleisch entfernen. Das gewürzte Salz auf einen Teller geben, den Speck darin wenden, Brust- und Keulenfleisch mit diesem Speck spicken, in ca. 1 cm breite Schrägstreifen schneiden. In einer

Schüssel Trüffelsaft, Gewürzmischung und Cognac vermischen, Brust- und Keulenfleisch, Zunge und Trüffeln dazugeben, in der Flüssigkeit wenden und zugedeckt 24 Stunden im Kühlschrank marinieren.
Portwein erhitzen, die Gänseleber 4 Minuten darin pochieren. Herausnehmen, auf einen Teller legen.
Das durchgedrehte Truthuhnfleisch, Herz und Leber vom Truthuhn, Speck, Kalbfleisch, Eier, Weißwein, gewürztes Salz, den abgekühlten Portwein in eine Schüssel geben. In einer Pfanne die Butter erhitzen, die Zwiebel hineingeben, glasig werden lassen, Petersilie hinzugeben und noch 5 Minuten dünsten, zu dem Fleisch geben. Alles gut durchkneten und am Schluß mit einem Holzlöffel schlagen, damit die Masse locker wird. 24 Stunden zugedeckt in den Kühlschrank stellen.
Keulen- und Brustfleisch aus der Marinade nehmen. Marinade, Trüffel- und Zungenwürfel zu der Farce geben. Gänseleber in 1½ cm-Würfel schneiden, auch zu der Farce geben. Alles gut miteinander vermischen, eventuell nachwürzen.

Auslegen der Form, Füllen und Schließen der Terrine, wie auf Seite 41 beschrieben.
Backzeit: ca. 2 Stunden bei 180 Grad.
Fertigstellung Seite 43.

Terrine von Geflügelleber

Für 6–8 Personen

800 g Geflügelleber, von Haut und Sehnen befreit
1 dl Portwein, ⅛ TL Pfeffer

Farce
500 g fettes Schweinefleisch, durchgedreht

1½ Semmeln, in Würfel geschnitten und in 1 dl süßer Sahne geweicht
2 Eier, leicht geschlagen
1 TL Majoranblätter, fein gehackt
2 EL Petersilienblätter, fein gehackt
1 EL Estragonblätter, fein gehackt
(10 grüne Oliven, entkernt, gehackt, nach Geschmack)
3 EL Butter
1 Zehe Knoblauch, geschält, fein gehackt
1 Zwiebel, geschält, fein gehackt
½ dl Cognac
1 EL Orangenschale, fein abgerieben
4 EL Orangensaft
3 TL Salz
⅓ TL Pfeffer
150 g ganze Champignons aus der Konserve

Zum Füllen
300 g fetter frischer Speck, in sehr dünne Scheiben geschnitten
1 Lorbeerblatt
½ Tasse Mehl, etwas kaltes Wasser

Die Geflügelleber in eine Schüssel legen, mit dem Portwein begießen und mit Pfeffer bestreuen. 12 Stunden zugedeckt kühl marinieren.
Für die Farce 500 g Geflügelleber mit der Marinade im Mixer pürieren und in eine Schüssel geben. Schweinefleisch zugeben, Semmeln zerdrücken und zusammen mit den Eiern, Majoran, Petersilie, Estragon zu der Leber geben (wenn man die Pastete mit Oliven macht, diese auch hinzufügen).
Butter erhitzen, Knoblauch und Zwiebeln darin leicht anbraten, die restliche Leber zufügen und unter Wenden schnell rundherum anbraten. Leber auf einen Teller legen. Den Bratsatz mit dem Cognac ablöschen und losschaben und alles zu der Farce geben, ebenso Orangenschale und Orangensaft, Salz und Pfeffer. Alles gut miteinander vermischen und mit einem

Holzlöffel schlagen, bis die Farce lokker und luftig ist. Nun die Champignons untermischen. Die Lebern bis auf 4 schöne, die als Ganzes später verwendet werden, fein hacken und auch gleichmäßig unterziehen.

Auslegen der Form, Füllen und Schließen der Terrine, wie auf Seite 41 beschrieben.
Backzeit: 2 Stunden bei 180 Grad.
Fertigstellung Seite 43.

Terrine von Fasan

1 Fasan, ca. 1 kg, ausgenommen
100 g fetter Speck, in ½ cm dicke und
½ cm breite Streifen geschnitten
4 EL Cognac
½ TL Gewürzmischung (Seite 22)
2 Trüffeln, in ½ cm breite Streifen
geschnitten
einige EL Trüffelsaft, wenn vorhanden

Farce
Restliches Fasanenfleisch und -herz,
entsehnt, zweimal durchgedreht
250 g mageres Kalbfleisch, zweimal
durchgedreht
250 g mageres Schweinefleisch,
zweimal durchgedreht
600 g fetter Speck, zweimal durch-
gedreht
2 EL Butter
125 g Gänseleber, grob gehackt
(ersatzweise frische Geflügelleber)
1 Fasanenleber, grob gehackt
1½ dl Cognac
3 Schalotten, geschält und gehackt
250 g Champignons, geputzt und grob
gehackt
1 Bund Petersilienblätter, gehackt
3 Semmeln, entrindet, in Stücke
geschnitten, in ¼ l Milch eingeweicht
Saft von 1 Zitrone
25 g gewürztes Salz (Seite 22)
1 dl Madeira, 1 Ei

Zum Füllen
Extrakt von Wildgeflügel
(Seite 18)
300 g fetter Speck, in sehr dünne
Scheiben geschnitten
2 Lorbeerblätter
½ Tasse Mehl
einige EL Wasser

Das Fasanenfleisch von den Knochen lösen. Die Haut ablösen. Das Fleisch von Brust und Keulen in 1 cm breite Streifen schneiden. Knochen und Haut für den Extrakt aufbewahren. In einer Schüssel Cognac, Gewürzmischung, Trüffeln und Trüffelsaft vermischen. Das in Streifen geschnittene Fasanenfleisch und den Speck dazugeben, vorsichtig in der Marinade wenden und zugedeckt im Kühlschrank 24 Stunden marinieren lassen.
Für die Farce alle Fleischsorten und den Speck in eine große Schüssel geben. In einer Pfanne 1 EL Butter erhitzen und die Gänseleber und Fasanenleber kurz von allen Seiten darin anbraten, zu dem Fleisch geben. Die restliche Butter in die Pfanne geben, Schalotten kurz anbraten, Champignons hinzufügen, ca. 5 Minuten dünsten, herausnehmen und ebenfalls zum Fleisch geben. Cognac in die Pfanne gießen, auf die Hälfte einkochen lassen, währenddessen die Bratenrückstände von der Pfanne lösen, zum Fleisch geben. Die Semmeln ausdrücken und zusammen mit Zitronensaft, gewürztem Salz, Madeira und Ei zu dem Fleisch geben. Zum Schluß noch mit einem Holzlöffel schlagen, damit die Masse locker wird. Abschmecken, notfalls nachwürzen. Zugedeckt 24 Stunden in den Kühlschrank stellen.
Die Fleisch-, Speck- und Trüffelstücke aus der Marinade nehmen, beiseite legen, die Marinade zu der Farce geben und gut untermischen.

Auslegen der Form, Füllen und Schließen der Terrine, wie auf Seite 41 beschrieben.
Backzeit: ca. 2 Stunden bei 180 Grad.
Fertigstellung Seite 43.

Terrine von Wildente

1 Wildente, gerupft und ausgenommen
½ TL Gewürzmischung (Seite 22)
100 g fetter Speck, in 5 mm breite Streifen geschnitten
Saft von 1 Zitrone
4 EL Madeira
einige EL Trüffelsaft, wenn vorhanden
5 Pfefferkörner

Farce
Restliches Entenfleisch von Fett und Sehnen befreit, zweimal durchgedreht
250 g mageres Kalbfleisch, zweimal durchgedreht
150 g mageres Schweinefleisch, zweimal durchgedreht
500 g fetter Speck, zweimal durchgedreht
4 EL Butter
1 Zwiebel, geschält und fein gehackt
1 Entenleber, von Sehnen befreit
4 EL Cognac
½ Orange
25 g gewürztes Salz (Seite 22)
2 EL süße Sahne
150 g gepökelte Zunge, gehäutet, in 2 cm große Würfel geschnitten
150 g fetter Speck, in ½ cm große Würfel geschnitten
2 Trüffeln, in kleine Würfel geschnitten

Zum Füllen
Extrakt von Wildgeflügel (Seite 18)
300 g fetter Speck, in sehr feine Scheiben geschnitten
1 Lorbeerblatt
½ Tasse Mehl
einige EL kaltes Wasser

Das Fleisch von den Knochen und der Haut lösen und alles, außer dem Brustfleisch und den Keulen, beiseite legen. Die Sehnen aus dem Keulenfleisch entfernen.
Die Gewürzmischung auf einen Teller geben und die Speckstreifen darin wenden. Brust- und Keulenfleisch mit ihnen spicken, mit Zitronensaft beträufeln, in 2 cm breite Schrägstreifen schneiden. Madeira und Trüffelsaft in einer Schüssel vermischen und das gespickte Fleisch darin wenden. Zugedeckt im Kühlschrank 12 Stunden marinieren.
Das durchgedrehte Fleisch und den Speck in eine Schüssel geben. In einer Pfanne 2 EL Butter erhitzen, die Zwiebel darin glasig werden lassen, zu dem Fleisch geben. Die restlichen 2 EL Butter in derselben Pfanne erhitzen und die Entenleber darin kurz von allen Seiten anbraten. Auf einen Teller beiseite legen. Den Cognac in die Pfanne gießen, Saft und abgeriebene Schale der halben Orange zufügen, auf die Hälfte einkochen und dabei den Bratensatz mit einem Löffel von der Pfanne lösen, zu dem Fleisch geben, ebenso gewürztes Salz, Sahne und alles gut miteinander vermischen. Zum Schluß mit einem Holzlöffel schlagen, damit die Masse locker wird. Die Zungen- und Speckwürfel und Trüffeln vorsichtig unter die Farce arbeiten und zugedeckt 12 Stunden in den Kühlschrank stellen.
Das Entenfleisch aus der Marinade nehmen, auf einen Teller legen, die Marinade unter die Farce mischen. Abschmecken und eventuell nachwürzen.

Auslegen der Form, Füllen und Schließen der Terrine, wie auf Seite 41 beschrieben.
Backzeit: ca. 2 Stunden bei 180 Grad.
Fertigstellung Seite 43.

Terrine von Hasen

1 Hase, gehäutet
70 g roher Schinken, in ca. 5 mm
dicke, quadratische Streifen geschnitten
70 g fetter Speck, in ca. 5 mm dicke,
quadratische Streifen geschnitten
⅛ l Cognac
einige EL Trüffelsaft, wenn vorhanden
½ TL Gewürzmischung (Seite 22)
150 g fetter Speck, in 1 cm breite und
½ cm dicke Streifen geschnitten

Farce
Restliches Hasenfleisch, zweimal
durchgedreht
200 g mageres Kalbfleisch, zweimal
durchgedreht
400 g fetter Speck, zweimal durch-
gedreht
4 EL Butter
1 Hasenleber
100 g Gänseleber, geputzt (ersatzweise
frische Hühnerleber)
150 g Champignons, fein gehackt
3 Schalotten, geschält und gehackt
½ dl Cognac
2 Trüffeln, in kleine Würfel
geschnitten
15 g gewürztes Salz (Seite 22)
1 dl Madeira

Zum Füllen
Extrakt von Wild (Seite 18)
300 g fetter Speck, in sehr dünne
Scheiben geschnitten
2 Lorbeerblätter
½ Tasse Mehl
einige EL kaltes Wasser

Die Filets im ganzen von den Knochen lösen, mit dem Schinken und Speck spicken und schräg in fingerbreite Streifen schneiden. Nun das restliche Fleisch von den Knochen lösen, von den Sehnen schaben, für die Farce aufbewahren. Die Knochen für den Extrakt verwenden.

Cognac, Trüffelsaft und Gewürzmischung in eine Schüssel geben, die Filetstreifen und den Speck vorsichtig darin wenden und zugedeckt 24 Stunden marinieren lassen.
Die durchgedrehten Fleischsorten und den Speck in eine große Schüssel geben. 2 EL Butter in einer Pfanne erhitzen, Hasen- und Gänseleber kurz von allen Seiten anbraten, auf einen Teller legen. Die restliche Butter in derselben Pfanne erhitzen, die gehackten Champignons und Schalotten 5 Minuten darin dünsten, zu dem Fleisch geben. Cognac in die Pfanne gießen und stark einkochen, wobei man mit dem Holzlöffel den Bratensatz von der Pfanne kratzt und zusammen mit Trüffeln, gewürztem Salz und Madeira auch zu dem Fleisch gibt. Alles sehr gut miteinander verkneten und am Ende noch mit einem Holzlöffel schlagen, damit die Masse locker wird. Abschmecken, notfalls nachwürzen. Auch zugedeckt 24 Stunden in den Kühlschrank stellen.
Speckstreifen und Filets aus der Marinade nehmen. Die Marinade unter die Farce mischen.

Auslegen der Form, Füllen und Schließen der Terrine, wie auf Seite 41 beschrieben.
Backzeit: ca. 2 Stunden bei 180 Grad.
Fertigstellung Seite 43.

Terrine von Huhn,
Rezept Seite 45

Terrine von Reh

1000 g Rehschlegel
1 TL gewürztes Salz (Seite 22)
125 g fetter Speck, in ca. 6 × 6 mm
dicke Streifen geschnitten
125 g roher, magerer Schinken, in ca.
6 × 6 mm dicke Streifen geschnitten
½ l Rotwein
⅛ l Cognac
1 Zehe Knoblauch, geschält, gehackt
1 Zwiebel, geschält und grob gehackt
1 TL Gewürzmischung (Seite 22)

Extrakt
500 g fettes Suppenfleisch
Speckschwarte vom Speck, wenn
vorhanden
1 Mohrrübe, geputzt und grob gehackt
1 Bund Petersilie
4 Pfefferkörner
1 Nelke
2 Lorbeerblätter
1 TL Salz

Farce
500 g Rehfleisch, von Sehnen befreit,
zweimal durchgedreht
400 g fetter Speck, zweimal durchgedreht
100 g fetter Speck, in 5 mm große
Würfel geschnitten
20 g gewürztes Salz (Seite 22)
1 Zwiebel, geschält und fein gehackt
125 g Champignons, geputzt und
gehackt
1 Bund Petersilienblätter, fein gehackt
3 Trüffeln, in kleine Würfel geschnitten
einige EL Trüffelsaft, wenn vorhanden
½ dl Cognac
½ dl Madeira

Zum Füllen
300 g fetter Speck, in sehr dünne
Scheiben geschnitten
3 Lorbeerblätter
½ Tasse Mehl
einige EL kaltes Wasser

Schlegel häuten und entbeinen, Seh-
nen entfernen. Gewürztes Salz auf
einen Teller geben und die Speck- und
Schinkenstreifen darin wenden. Den
Schlegel damit spicken, der Faser des
Fleisches entlang.
Rotwein, Cognac, Knoblauch, Zwiebel und Gewürzmischung in eine
Schüssel geben, den Schlegel hineingeben, darin wenden, zugedeckt 24
Stunden darin marinieren lassen.
Für den Extrakt in einen mittelgroßen
Topf das Suppenfleisch geben, mit
Wasser bedecken, zum Kochen bringen, dabei laufend abschäumen, Hitze
herunterschalten. Das Fleisch ¼ Stunde auf kleiner Flamme sieden lassen,
dabei abschäumen. Die anderen Zutaten hinzugeben. Das Rehfleisch mit
der Marinade zu dem Suppenfleisch
geben und 1 Stunde zugedeckt sieden
lassen. Das Rehfleisch herausnehmen,
auf einen Teller legen, abkühlen lassen und in 2 × 1 cm dicke Streifen
schneiden. Die Brühe durch ein mit
einem Mulltuch ausgelegtes feines
Sieb gießen und dickflüssig einkochen
lassen.
Für die Farce alle Zutaten in eine große Schüssel geben und sehr gut miteinander verkneten. Am Schluß mit
einem Holzlöffel kräftig schlagen, damit die Masse locker wird. Abschmekken, eventuell nachwürzen.

Auslegen der Form, Füllen und
Schließen der Terrine, wie auf Sei-
te 41 beschrieben.
Backzeit: ca. 2 Stunden bei 180 Grad.
Fertigstellung Seite 43.

Terrine von Wildschwein

1 dl Gin
10 g gewürztes Salz (Seite 22)
1 Thymianzweig
5 Wacholderbeeren, zerdrückt
einige EL Trüffelsaft, wenn
vorhanden
1 Zwiebel, geschält, in Scheiben
geschnitten
1 Mohrrübe, geschält, in Scheiben
geschnitten
500 g Wildschweinfleisch aus
der Keule, in 2 cm große Würfel
geschnitten
250 g gepökelte Ochsenzunge, in 1 cm
große Würfel geschnitten
200 g fetter Speck, in ½ cm große
Würfel geschnitten
150 g gekochter Schinken, in 1 cm
große Würfel geschnitten
200 g Hühnerfleisch, entbeint,
von Sehnen und Haut befreit, in
ca. 2 cm große Würfel geschnitten
4 Trüffeln, in kleine Würfel
geschnitten
1 dl Cognac

Farce
500 g fetter Speck, durchgedreht
500 g mageres Schweinefleisch,
durchgedreht
250 g Wildschweinfleisch,
durchgedreht
2 Eier
25 g gewürztes Salz (Seite 22)
60 g ungesalzene Pistazien,
geschält

Zum Füllen
400 g fetter Speck, in sehr feine
Scheiben geschnitten
2 Lorbeerblätter
½ Tasse Mehl
einige EL kaltes Wasser

In einer Schüssel Gin, gewürztes Salz, Thymianzweig, Wacholderbeeren, Trüffelsaft, Zwiebel und Mohrrübe mischen. Das in Stücke geschnittene Wildschweinfleisch hinzugeben, darin wenden, damit es von allen Seiten befeuchtet wird. Zugedeckt 12 Stunden im Kühlschrank marinieren.

Zunge, Speck, Schinken, Hühnerfleisch, Trüffeln und Cognac hinzugeben. Wieder 12 Stunden zugedeckt in den Kühlschrank stellen.

Für die Farce alle Zutaten gut miteinander verkneten und am Schluß noch mit dem Holzlöffel schlagen, damit die Masse locker wird. Abschmecken, eventuell nachwürzen. Pistazien untermischen. Bis zum Gebrauch in den Kühlschrank stellen.

Zwiebel, Karotte, Wacholderbeeren, Thymianzweig aus der Marinade nehmen. Nun die Farce zu dem in Würfel geschnittenen Fleisch geben und alles gut miteinander vermischen.

Auslegen der Form, Füllen und Schließen der Terrine, wie auf Seite 41 beschrieben (das Eingießen von Extrakt entfällt).
Backzeit: ca. 2 Stunden bei 180 Grad.
Fertigstellung Seite 43.

Galantinen Rollpasteten

Allgemeine Grundbeschreibung

Die Galantine oder Rollpastete wird hergestellt aus einem entbeinten Fisch, Geflügel oder Stück Fleisch. Diese oder dieses wird mit einer Farce gefüllt, zugenäht, in ein Tuch eingebunden und in einer Grundbrühe gekocht, unter einem Gewicht abgekühlt, mit Gelee bestrichen und dekoriert.
Die Rollpastete wird meist kalt gegessen.

Entbeinen von Geflügel

Das Geflügel auf die Brust legen und jeweils das unterste Glied von den Beinen und Flügeln abschneiden. Mit einem kleinen, sehr scharfen Messer die Haut auf der Mitte des Rückgrats vom Hals bis zum Bürzel aufschneiden. Nun löst man das Fleisch mit dem Messer Stück für Stück am Gerippe und den Knochen entlang ab, ohne dabei die Haut zu verletzen. Bei der Brust muß man besonders vorsichtig sein, da am oberen Brustbein die Haut allein den Knochen bedeckt.

Flügel und Schenkel durchschneidet man an den Gelenken, an denen sie am Gerippe sitzen.
Ist das Fleisch vom Gerippe gelöst, so entfernt man vorsichtig die Knochen aus den Keulen und Flügeln, indem man das Fleisch bis ans nächste Gelenk hochschiebt, die Sehnen durchschneidet und die Knochen anschließend herausdreht.
Die Haut mit der Brustseite nach unten legen und ausbreiten.
Bei großem Geflügel, wie Truthahn und Ente, kann man alles Fleisch von der Haut lösen, auch wieder ohne sie zu verletzen, da sie beim Kochen dicht sein muß.
Bei kleinerem Geflügel löst man nur das Brustfleisch ab und die für die Farce benötigten größeren Fleischstücke von Flügeln und Keulen. Man kann auch einen Teil des Fleisches auf die Stellen legen, an denen die Haut nur wenig oder kein Fleisch bedeckt, um es gleichmäßig zu verteilen.

Füllung – Farce

Die Farce besteht meist aus verschiedenen Sorten Fleisch (oder Fisch) und Speck, eventuell Schinken, die sehr fein durchgedreht sind, durch ein feines Sieb gestrichen oder im Mixer

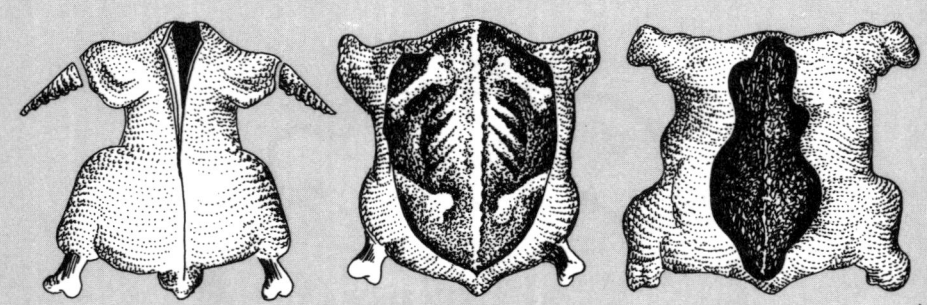

Entbeinen des Geflügels

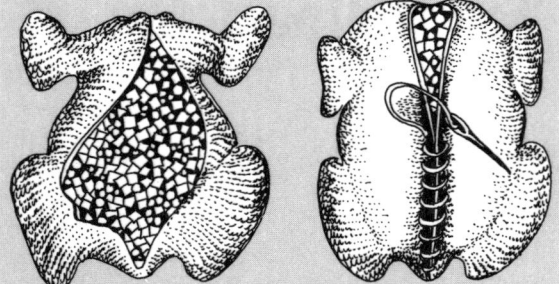

Füllen und Schließen der entbeinten Haut

Einwickeln der Galantine

Kochen und Beschweren der Galantine

Fertigstellen und Servieren der Galantine

püriert werden. Man würzt mit Salz, Pfeffer und Kräutern, Cognac, Wein, Portwein oder Madeira und vermischt mit 3 Eigelb oder 2 Eiern pro Kilo Farce. Zwischen die Farce kommen Streifen und Würfel von fettem Speck, gepökelter Zunge, gekochtem Schinken, Fleischstücke, Leberstücke, je nach Rezept Trüffeln, Pistazien, harte Eier, saure Gurken.

Man kann auch alle diese Zutaten in Würfel schneiden und gleich unter die Füllung mischen.

Herstellung der Galantine

Die Haut mit der Brustseite nach unten legen und ausbreiten. Falls sie doch verletzt sein sollte, legt man ein großes Stück Haut, das man vom Hals abgeschnitten hat, Außenseite auf Innenseite, darauf.

Man breitet die Hälfte der Farce gleichmäßig auf der Haut aus. Auch in die Keulen und Flügel geben. Nun legt man in Längsrichtung abwechselnd Stücke von Fleisch, Leber, Zunge, Schinken, Trüffeln und Pistazien, je nach Rezept, und wiederholt dieses mit der zweiten Hälfte Farce und anderen Zutaten. Man schlägt die Haut über der Füllung zusammen, näht die gesammte Schnittlänge mit einem festen Faden nicht zu nah an der Kante zusammen, damit sie nicht ausreißt, näht Flügel und Keulen zu, schlägt die Haut am Hals um, näht sie fest und gibt ihr die Form des Tieres.

Ein Leinentuch oder ein doppeltes Mulltuch wird so groß vorbereitet, daß man das gefüllte Tier gut darin einwickeln kann und die Enden an der Längsseite mindestens 10 cm überstehen. Das Tuch wird naß gemacht, ausgewrungen, auf dem Tisch ausgebreitet, die Galantine in die Mitte gelegt, fest darin eingewickelt, die beiden Enden fest bis an die Galantine zusammengedreht und direkt an der Galantine zusammengebunden. Die Galantine noch an 3 Stellen umschnüren, damit sie die Form behält.

Kochen der Galantine

Man nimmt den schon vorbereiteten Fond, entfernt die Fettschicht, gibt ihn in einen so großen Topf, daß die Galantine gut noch darin Platz hat und gießt ½ l Weißwein hinzu (¼ l Weißwein pro 1 l Brühe). Sie muß gut bedeckt sein, sonst gibt man noch Wasser hinzu. Zum Sieden bringen, Hitze herunterschalten und auf kleiner Flamme 1½–2 Stunden nicht ganz zugedeckt sieden lassen. Abschalten und in der Brühe auf Zimmertemperatur abkühlen lassen. Herausnehmen, auswickeln. Das Tuch in lauwarmem Wasser auswaschen, auswringen, die Galantine wieder einwickeln, umschnüren, mit einem Brett und Gewicht leicht beschwert in den Kühlschrank stellen. Möglichst 2–3 Tage so aufbewahren.

Den Fond durch ein mit Mull ausgelegtes Sieb gießen und ebenfalls in den Kühlschrank stellen.

Fertigstellung

Die Schüssel mit dem durchgelaufenen Gelee in eine größere, mit Eis gefüllte Schüssel stellen und unter ständigem Rühren mit einem Silberlöffel so lange kühlen lassen, bis es zähflüssig vom Löffel läuft. Eine etwa ½ cm dicke Schicht von diesem Gelee auf die Platte gießen, auf der die Galantine serviert werden soll (am schönsten ist eine Silberplatte). In den Kühlschrank stellen, bis sie steif geworden ist. Die Galantine auf einen Rost über ein sauberes Backblech oder eine Platte legen und mit einem Pinsel mit einer Geleeschicht bestreichen. Kühl fest werden lassen. Nun kann man sie dekorieren (wenn man will). Dafür benötigt man

▷ grüne Porreeblätter, mit heißem Wasser überbrüht
▷ Trüffeln
▷ rote, geschälte, feste Tomaten hartes Eiweiß

Aus diesen kann man Streifen, Dreiecke, Rhomben, Kreise sowie Blätter, Blüten und andere Formen schneiden und die Galantine dekorieren, wobei man die Stücke in das Gelee taucht, auf die Galantine legt und abkühlen läßt. Wenn das Gelee zu fest wird, erhitzt man es wieder und kühlt es wieder im Eis, wie vorher beschrieben. Über die Garnitur streicht man wieder eine Schicht Gelee und kühlt wieder im Kühlschrank. Das restliche Gelee wird in eine Kastenform gegossen und zum Festwerden in den Kühlschrank gestellt.

Servieren

Die Galantine auf die Platte mit der Geleeschicht setzen. Die Kastenform mit dem Gelee kurz in heißes Wasser halten, stürzen. Horizontal in ½ cm dicke Scheiben schneiden und quer dazu senkrecht in ½ cm Abstand schneiden, dann vertikal in ½ cm Scheiben schneiden, so daß ½ cm große Würfel entstehen. Diese um die Galantine geben und kühlen bis zum Servieren (Seite 64).
Man kann die Galantine auch in eine Kastenform geben, die wenig größer ist als die Galantine, und mit Gelee ausgießen. Vor dem Servieren kurz in heißes Wasser stellen und dann stürzen.

Rezepte

Galantine von Aal

Ebenso werden hergestellt Galantine von Karpfen, Forelle, Lachs und anderen großen Fischen.

1 frischer Aal, ca. 1500 g
Fischfond (Seite 19)
½ l Weißwein
Gelee (Seite 22)

Farce
250 g weißes Fischfleisch, Seelachs, Schellfisch usw.
½ TL Salz
1 große Messerspitze weißer Pfeffer
1 Messerspitze geriebener Muskat
1 kleine Knoblauchzehe, gepreßt
2 EL Dillkraut, fein gehackt
1 EL Cognac, 2 Eiweiß
100 g Trüffeln, fein gehackt (wenn man möchte)
¼ l süße Sahne

Den Aal auf den Rücken legen, ausnehmen, der ganzen Länge nach aufschneiden, vorsichtig die Mittelgräte entfernen. Die Hälfte des Fleisches herausschneiden, so daß die Haut nur noch halb so dick bedeckt ist, das Fleisch in eine Schüssel legen.
Für die Farce das weiße Fischfleisch entgräten, zusammen mit den Gewürzen, Dill, Cognac und Knoblauch zu dem Aalfleisch geben und zerstampfen. Nach und nach die Eiweiß hinzugeben und anschließend durch ein feines Sieb passieren. Die Schüssel mit der Farce in eine größere, mit Eis gefüllte Schüssel stellen und mit einem Spachtel oder Holzlöffel die Farce schlagen, bis sie schön locker ist.
5 Stunden im Kühlschrank durchziehen lassen. Die Trüffeln hinzugeben,

nun die Sahne nach und nach vorsichtig mit einem Spachtel oder Holzlöffel unter die Masse arbeiten. Abschmekken, notfalls nachwürzen.
Nun den Aal mit der Farce füllen, zusammennähen, in ein Mulltuch wikkeln, zudrehen, die Enden zusammenbinden und noch an 3–4 Stellen umschnüren. Man kann ihn auch schnekkenförmig nach oben zu einem Turm rollen, muß ihn aber gut in der Form zusammenbinden, damit er beim Kochen die Form behält. Man befestigt dann zum Servieren den mitgekochten Aalkopf am oberen Ende.
Kochen, Fertigstellen und Servieren der Galantine, wie auf Seite 57/58 beschrieben.

Galantine von Kalb, Schwein oder Lamm

1 Schulterstück, vom Schlachter ausgebeint
125 g gepökelte Ochsenzunge, in ½ cm dicke Scheiben geschnitten
1 Essiggurke, in ½ cm quadratische Stängchen geschnitten
2 dünne Platten fetter Speck, ca. 15 × 15 cm groß
Fleischfond (Seite 19)
½ l Weißwein
Gelee (Seite 22)

Farce
125 g fetter Speck, zweimal durchgedreht
125 g roher Schinken, zweimal durchgedreht
125 g Fleisch, aus dem Schulterstück geschnitten, zweimal durchgedreht
50 g Butter
2 EL Zwiebeln, gehackt
125 g Champignons, geputzt und gehackt
1 El Petersilienblätter, gehackt
4 El Cognac, 1 Ei

15 g gewürztes Salz (Seite 22)
2 Trüffeln, in kleine Würfel geschnitten
1 kleine Zehe Knoblauch, gepreßt
50 g ungesalzene Pistazien, geschält

Für die Farce alle durchgedrehten Fleischsorten in eine Schüssel geben. Butter in einer Pfanne schmelzen lassen. Zwiebeln und Champignons darin 5 Minuten dünsten, zu dem Fleisch geben. Petersilie, Cognac, Ei, gewürztes Salz, Trüffelwürfel und den Knoblauch hinzufügen. Alles sehr gut miteinander vermischen. Zugedeckt 24 Stunden in den Kühlschrank stellen. Am folgenden Tag die Pistazien unter die Farce mischen.
Das Schulterstück mit der inneren Seite nach oben ausbreiten und klopfen. Die Hälfte der Farce daraufgeben, die Hälfte der Zungenscheiben und Gurkenstreifen darauf verteilen, darauf eine Speckplatte legen. Dasselbe wiederholen. Nun das Schulterstück fest zusammenrollen, mit Nadel und festem Faden zunähen, in ein Mulltuch einrollen und umschnüren.
Kochen, Fertigstellen und Servieren der Galantine, wie auf Seite 57/58 beschrieben.

Galantine von Huhn oder Poularde

1 junges Huhn von ca. 1½ kg
Geflügelfond (Seite 20)
½ l herber Weißwein
Gelee (Seite 22)

150 g gekochter Schinken, in ca. 8 mm dicke Streifen geschnitten
150 g Pökelzunge, in 1 cm große Würfel geschnitten
2 Trüffeln, in ½ cm dicke und breite Streifen geschnitten
einige EL Trüffelsaft aus der Konserve
1 dl Cognac
20 g gewürztes Salz (Seite 22)

Farce
250 g mageres Kalbfleisch,
durchgedreht
250 g mageres Schweinefleisch,
durchgedreht
150 g fetter Speck, durchgedreht
Hühnerleber und -herz, durchgedreht
oder fein gehackt
2 EL Schalotten, fein gehackt
¼ l herber Weißwein
2 EL Madeira
2 Eier
25 g ungesalzene Pistazien,
geschält

Das Huhn, wie auf Seite 55 beschrieben, entbeinen, in ein feuchtes Tuch einschlagen und bis zur Verwendung in den Kühlschrank legen.
Das Fett vom Schinken schneiden und wie diesen in ca. 8 mm dicke und breite Streifen schneiden. Beides in eine flache Schüssel legen. Pökelzunge zu dem Schinken geben, ebenso Trüffeln, den Trüffelsaft, 2 El Cognac und ½ TL gewürztes Salz. Schüssel vorsichtig hin und her kippen, damit alles benetzt wird. Zugedeckt mindestens 24 Stunden in den Kühlschrank stellen.
Für die Farce Kalbfleisch, Schweinefleisch, Speck, Hühnerleber und -herz und die Schalotten im Mixer pürieren, indem man immer einen kleinen Teil der Masse mit einigen Eßlöffeln Weißwein in den Becher gibt. Alles in eine Schüssel geben und Madeira, Eier und Pistazien daruntermischen, am Ende mit einem Holzlöffel schlagen, damit die Masse recht locker wird. Abschmecken und eventuell nachwürzen. Auch zugedeckt mindestens 24 Stunden in den Kühlschrank stellen.
Die Marinadenflüssigkeit unter die Farce mischen.
Herstellung, Kochen, Fertigstellen und Servieren der Galantine, wie auf Seite 57/58 beschrieben.

Galantine von Truthahn

1 ca. 2 kg Truthahn oder
Truthenne
Saft von 1 Zitrone
3 Scheiben fetter Speck, 10 × 20 cm
groß
75 g ungesalzene Pistazien,
geschält
Geflügelfond (Seite 20)
½ l Weißwein
Gelee (Seite 22)

250 g frische Hühnerleber
etwas Pfeffer
¾ dl Portwein

Farce
500 g mageres Kalbfleisch,
durchgedreht
500 g fetter Speck, durchgedreht
1 Truthahnleber, durchgedreht
½ Tasse Schalotten, durchgedreht
¼ l herber Weißwein
1 dl Madeira
3 Eier
⅛ l süße Sahne
⅛ TL Cayennepfeffer
20 g gewürztes Salz (Seite 22)
50 g Trüffeln, in 1 cm große Würfel
geschnitten
200 g Pökelzunge, in 2 cm große
Würfel geschnitten
150 g fetter Speck, in ½ cm große
Würfel geschnitten
100 g Mandeln, geschält und
gestoßen

Truthahn, wie auf Seite 55 beschrieben, entbeinen, dann alle erhöhten Fleischteile abschneiden, das Fleisch der Keule von den Sehnen befreien und auf die Stellen legen, wo weniger Fleisch ist. Von innen mit Zitronensaft beträufeln. Den entbeinten Truthahn in ein feuchtes Tuch einbinden und in den Kühlschrank legen bis zur Verwendung.

Für die Farce Kalbfleisch, Speck, Truthahnleber und die Schalotten im elektrischen Mixer in kleineren Portionen nacheinander mit einigen Löffeln Weißwein pürieren, in eine große Schüssel geben. Madeira, Eier, süße Sahne, Cayennepfeffer und gewürztes Salz dazugeben und alles gut miteinander vermischen, am Schluß noch mit einem Holzlöffel schlagen, damit die Masse recht locker wird. Abschmecken, eventuell nachwürzen. Trüffeln, Pökelzunge und fetten Speck zusammen mit den zerstoßenen Mandeln unter die Farce mischen. Zudecken und für 2 Tage in den Kühlschrank stellen. Die Hühnerleber säubern und putzen, mit Pfeffer bestreuen und in den Portwein legen, zugedeckt in den Kühlschrank stellen. Herstellung der Galantine, wie auf Seite 57 beschrieben. In die Mitte der Füllung legt man eine der langen Speckscheiben, verteilt in einer Reihe die Geflügelleberstücke in Längsrichtung darauf, gießt den Portwein darüber, schlägt die andere Hälfte der Speckscheibe über die Leber und drückt sie ein wenig in den unteren Teil der Farce hinein. Die Pistazien in Längsrichtung danebenlegen. Darüber kommt der andere Teil der Farce. Auf die Brustseite legt man die übrigen 2 Speckscheiben.

Kochen, Fertigstellen und Servieren der Galantine, wie auf Seite 57/58 beschrieben.

Galantine von Fasan und anderem Wildgeflügel

1 Fasan
2 TL gewürztes Salz (Seite 22)
2 Scheiben fetter Speck, 10 × 20 cm groß
Wildfond (Seite 20)
½ l Rotwein
Gelee (Seite 22)

250 g frische Geflügelleber
Fasanenleber und -herz
¼ l trockener Rotwein
2 EL Cognac
einige EL Trüffelsaft aus der Konserve
½ TL Gewürzmischung (Seite 22)

75 g Butter
200 g Champignons, fein gehackt
50 g Trüffeln, in 1 cm große Würfel geschnitten
1 Bund Petersilienblätter, fein gehackt

Farce
250 g fetter Speck, durchgedreht
250 g Kalbfleisch, zweimal sehr fein durchgedreht
15 g gewürztes Salz (Seite 22)
2 Eigelb

Den Fasan entbeinen, wie auf Seite 55 beschrieben. Alle erhöhten Fleischteile abschneiden und auf die Stellen legen, wo das Fleisch die Haut weniger dick bedeckt. Von innen mit gewürztem Salz bestreuen, die Haut in ein feuchtes Tuch einschlagen und bis zur Verwendung in den Kühlschrank legen.

Die Geflügelleber, Fasanenleber und -herz von Äderchen und Sehnen befreien und in dem Rotwein, Cognac, Trüffelsaft und der Gewürzmischung zugedeckt 12 Stunden im Kühlschrank marinieren.

Die Butter in der Pfanne erhitzen. Champignons, Trüffeln und Petersilie 5 Minuten dünsten. Vom Feuer nehmen.

Die Leber aus der Marinade nehmen. Die Hälfte der Geflügelleber in Stükke schneiden, für die Füllung zur Seite legen.

Für die Farce die restliche Geflügelleber, Fasanenleber und -herz durchdrehen und mit dem fetten Speck in etwa 6 Teilen mit der Marinade im Mixer pürieren, in eine Schüssel geben.

Kalbfleisch, den Pfanneninhalt, gewürztes Salz und die Eigelb zugeben, alles sehr gut mischen und noch ein wenig mit dem Holzlöffel schlagen, damit die Masse schön locker wird. Nicht zu scharf abschmecken, eventuell nachwürzen.

Herstellung der Galantine, wie auf Seite 57 beschrieben. Auf die Hälfte der Farce in Längsrichtung mit etwas Abstand voneinander die 2 Speckscheiben legen, auf diese die Hühnerleberstücke und die andere Hälfte der Speckscheiben über die Leber schlagen, so daß sie darin eingeschlagen sind, und nun ein wenig in die Farce drücken. Darauf den anderen Teil der Farce geben, glattstreichen.

Kochen, Fertigstellen und Servieren der Galantine, wie auf Seite 57/58 beschrieben.

Schaumbrote

Allgemeine Grundbeschreibung

Schaumbrot ist eine Speise, die kalt und warm gegessen werden kann. Sie besteht aus einer sehr feinen Fleisch- oder Fischmasse.

Herstellung warm

Das rohe Fleisch wird durchgedreht, der rohe Fisch gehackt, in kleinen Portionen zusammen mit den Eiweißen und Gewürzen im Mixer püriert und durch ein feines Sieb gestrichen (wenn man keinen Mixer hat, stößt man die Masse im Mörser fein und streicht sie ebenso durch ein feines Sieb). Nun stellt man die Masse zugedeckt 2 Stunden in den Kühlschrank. Anschließend stellt man die Schüssel mit dem Püree in eine größere, mit Eis gefüllte Schüssel, schlägt die Masse einige Minuten durch und schlägt dann die kalte süße Sahne darunter.

Oder
Man nimmt gekochtes Fleisch, Leber, Hirn, Fisch oder Fleisch von Schalentieren, stampft es im Mörser zusammen mit etwas Butter, einer einge-

kochten Bechamelsauce, etwas Sahne, Gewürzen, Salz und Pfeffer fein, streicht es anschließend durch ein Haarsieb, zieht einige Eigelb unter, oder man püriert es im Mixer. Kurz vor dem Backen zieht man schnell, doch sorgsam, einige steifgeschlagene Eiweiße unter die Masse, so daß keine weißen Spuren mehr sichtbar sind. Man kann gehackte Trüffeln unter die Masse mischen oder auch einige Löffel Cognac, Madeira, Portwein usw., je nach Fleischart. Man kann auch dünne Scheiben von Austern, Trüffeln, Krebsfleisch, Zunge, Gänseleber usw., je nach der Grundmasse, in Schichten mit einfüllen.

Herstellung kalt

Man bereitet aus Fleisch (oder Fisch) eine Grundbrühe für eine weiße Grundsauce. Aus dem Rest der Grundbrühe stellt man ein Gelee her. Nun nimmt man das gekochte Fleisch und dreht es durch (oder den gekochten Fisch und hackt ihn), zerstößt es im Mörser mit der Grundsauce und den Gewürzen, streicht es anschließend durch ein feines Sieb oder püriert alles im Mixer und passiert es fein durch.

Die Schüssel mit dem Püree stellt man nun in eine größere, mit Eis gefüllte Schüssel und schlägt das kalte, flüssige Gelee darunter. Eine Form oder Schüssel wird mit einer etwa ½ cm dicken Geleeschicht ausgegossen und kühl gestellt. Nun zieht man die halbsteif geschlagene süße Sahne unter das Püree und zieht, je nach Rezept, noch Stücke von Krabben, Trüffeln usw. vorsichtig unter. Es sollen keine weißen Spuren mehr sichtbar sein.

Das Püree in die mit Gelee ausgegossene Form füllen, mit einer Geleeschicht bedecken und zugedeckt für einige Stunden in den Kühlschrank stellen.

Man kann auch, nachdem man eine Geleeschicht in die Form gegossen hat, darauf Scheiben von Trüffeln, hartem Eiweiß, Schinken usw. hübsch anordnen und noch einmal eine dünne Geleeschicht darübergießen. Wieder fest werden lassen und erst dann das Püree einfüllen.

Ebenso kann man eine Glasschüssel mit dem Püree füllen, die Oberfläche mit Trüffelstücken, Stücken von Eiweiß, Schinken usw. oder Krabben dekorieren und mit einer Geleeschicht bedecken (dann nicht stürzen).

Man hält die Form kurz in heißes Wasser, legt die Platte, auf der man das Schaumbrot servieren will, umgekehrt darauf, hält mit beiden Händen fest und dreht schnell um. Das Schaumbrot umgibt man mit Stücken von Trüffeln und gehacktem Gelee.

Backen (Herstellung warm)

Eine feuerfeste Schüssel mit geraden Wänden, die die Masse nur zu ¾ ausfüllt, wird mit Butter ausgestrichen, das Püree hineingefüllt, die Oberfläche glatt gestrichen und in einen Topf mit kochendem Wasser gestellt, so

daß sie zu ¾ ihrer Höhe darin steht. Der Topf wird zu ¾ geschlossen und das Schaumbrot im vorgeheizten Ofen auf mittlerer Hitze gebacken (man rechnet ca. 30 Minuten für 1 l Schaumbrotmasse, nach Herstellung 2 20–25 Minuten für 250 g). Um festzustellen, ob die Mousse gar ist, sticht man mit einer Nadel hinein und zieht sie wieder heraus. Es soll keine Masse an ihr kleben.

Servieren

Man löst das Schaumbrot nach dem Backen aus der Form, indem man mit einem Messer an den Innenwänden entlangfährt, einen Teller oder eine Platte, auf der man es servieren will, umgekehrt darauflegt, mit beiden Händen festdrückt und schnell umdreht.

Warm serviert, gibt man eine passende Sauce hinzu, je nach Rezept. Kalt serviert, überzieht man die Masse mit Gelee und umgibt sie mit Stücken von harten Eiern, gekochtem Schinken, Trüffeln, Krabben und gewürfeltem Gelee.

Gelee in Würfel schneiden

Rezepte

Schaumbrot von Fisch

*1 kg weißes Fischfleisch, ohne Gräten,
in kleine Stücke zerteilt
2½ EL Dillkraut, fein gehackt
2 TL Salz
⅛ TL weißer Pfeffer
⅛ TL Cayennepfeffer
5 Eiweiß, leicht geschlagen
1 dl herber Weißwein
1 Trüffel, fein gehackt
1 l süße Sahne, kalt
1 EL Butter, geschmolzen,
zum Einfetten*

Das Fischfleisch sehr fein stoßen, den Dill, Salz, Pfeffer und Cayennepfeffer hinzugeben, Eiweiß und Weißwein nach und nach unter Stoßen daruntermischen. Durch ein feines Sieb in eine Schüssel streichen (oder im Elektromixer, in vier Portionen verteilt, pürieren). Die Trüffeln unter die Masse mischen. Zugedeckt 2 Stunden in den Kühlschrank stellen.
Die Schüssel mit der Fischmasse in eine andere, größere, mit Eis und Eiswasser gefüllte Schüssel stellen und die süße Sahne nach und nach unterschlagen, bis keine Streifen mehr sichtbar sind. Die Masse soll luftig sein. Abschmecken, eventuell nachwürzen.
Backofen auf 175 Grad vorheizen.

Backen und servieren, wie auf Seite 64 beschrieben.
Warm: Mit Krabbensauce (Seite 128) oder Weißweinsauce (Seite 133) servieren.
Kalt: Abgekühlt mit Fischessenz (Seite 21) bestreichen oder in Gelee (Seite 22) eingießen, wie auf Seite 63 beschrieben.

Schaumbrot von Langusten, kalt

Ebenso wird Schaumbrot von anderen Krustentieren bereitet.

*Ca. 1 kg Langusten
50 g Butter
1 l Fischgrundbrühe (Seite 19)
½ l flüssiges Gelee (Seite 22) zum
Eingießen des Schaumbrotes und
zum Dekorieren
1 Trüffel zum Dekorieren
1 hartgekochtes Eiweiß zum
Dekorieren*

*Sud
30 g Butter
150 g Karotten, grob gehackt
100 g Porree, längs halbiert, gewaschen
und in kleine Stücke geschnitten
100 g Zwiebeln, grob gehackt
50 g Sellerie, geputzt und grob gehackt
1 EL Petersilie, gehackt
½ TL Thymian
2 Lorbeerblätter
2 EL Salz
8 Pfefferkörner
5 l Wasser
½ l herber Weißwein
3 EL Cognac*

*Schaummasse
ca. 500 g Langustenpüree
1 dl kalte Weiße Grundsauce von Fisch
(Seite 132)
1 EL Cognac
1 TL Salz, ½ TL weißer Pfeffer
1 Messerspitze Cayennepfeffer
1½ dl kaltes Gelee, doch flüssig
(Seite 22)
2 dl süße Sahne, halbsteif geschlagen*

Für den Sud in einem großen Topf die Butter schmelzen, die Gemüse kurz darin dünsten, Gewürze und Kräuter hinzugeben, mit Wasser, Wein und Cognac auffüllen, zum Kochen bringen, Hitze herunterschalten und 30 Minuten sieden lassen. Die Hitze wieder etwas höher schalten, wenn es stark kocht, die Langusten hineinwerfen, Hitze wieder herunterschalten und ca. 10–15 Minuten kochen lassen, abgießen. Die Langustenschwänze herausbrechen, einige zum Dekorieren beiseite legen. Die Hälfte der übrigen in Stücke schneiden, aufbewahren, den Rest zusammen mit den Gemüsen in einen Mörser geben, ebenso die Schalen der Langusten und die Butter. Alles gut zerstampfen und durch ein feines Sieb in eine Schüssel streichen.

Von der zubereiteten Fischgrundbrühe 2 dl Weiße Grundsauce bereiten, abkühlen lassen. Aus dem Rest der Grundbrühe ein Gelee zubereiten. Für die Schaummasse die Weiße Grundsauce, Cognac, Salz, Pfeffer und Cayennepfeffer unter das Langustenpüree mischen. Die Schüssel mit dem Püree in eine größere, mit Eis gefüllte stellen, einige Minuten mit dem Schneebesen schlagen und nach und nach kaltes Gelee unterschlagen. Nun vorsichtig die geschlagene Sahne unterziehen und gut vermischen, bis keine weißen Spuren mehr zu sehen sind. Abschmecken, eventuell nachwürzen. Die in Stücke geschnittenen Langusten unter die Masse mischen.

Eine der Menge entsprechende Form mit ½ cm Geleeschicht ausgießen, fest werden lassen. Formen von Trüffelscheiben und Eiweiß auf die Geleeschicht legen, noch einmal ½ cm Schicht Gelee darübergießen und wieder erstarren lassen. Nun das Langustenpüree hineinfüllen, mit einer Geleeschicht bedecken und zugedeckt einige Stunden in den Kühlschrank stellen. Das restliche Gelee in einer Kastenform erstarren lassen, zum Garnieren würfeln (Seite 64).

Schaumbrot von gekochtem Schinken, kalt   Foto Seite 69

1 l Fleischgrundbrühe (Seite 19)
850 g flüssiges Gelee (Seite 22) zum Eingießen des Schaumbrotes und zum Dekorieren

Schaummasse
500 gekochter magerer Schinken, durchgedreht
2 dl Weiße Grundsauce, kalt (Seite 132)
1½ TL Salz, ¼ TL Pfeffer
etwas Cayennepfeffer
2 EL Portwein
1½ dl flüssiges Gelee (Seite 22)
4 dl süße Sahne, halbsteif geschlagen

Fleischgrundbrühe zubereiten für Grundsauce und Gelee. Weiße Grundsauce und Gelee zubereiten. Für die Schaummasse den gekochten Schinken zusammen mit der Grundsauce, Salz, Pfeffer, Cayennepfeffer und Portwein im Mörser zerstoßen und durch ein feines Sieb streichen oder im Mixer pürieren. Die Schüssel mit dem Schinken in eine größere, mit Eis gefüllte Schüssel stellen, kurz mit dem Schneebesen locker schlagen und nun nach und nach flüssiges Gelee unterschlagen. Eine der Menge etwa entsprechende Form mit ½–1 cm Geleeschicht bedecken, abkühlen lassen. Nun die Sahne sehr vorsichtig unter die Schinkenmasse ziehen, bis alle weißen Spuren verschwunden sind. Abschmecken, eventuell nachwürzen. Die Schinkenmasse in die mit Gelee ausgegossene Form füllen, mit einer Geleeschicht bedecken, zugedeckt einige Stunden in den Kühlschrank stellen. Noch vorhandenes Gelee in einer Kastenform erstarren lassen, zum Garnieren in kleine Würfel schneiden und um das Schaumbrot legen (Seite 64).

Schaumbrot von Kalbsleber oder Geflügelleber, warm oder kalt

125 g Butter
500 g Kalbsleber, gehäutet, in ca. 1 cm
große Würfel geschnitten
2 EL Cognac
2 dl Bechamelsauce, dick eingekocht
(Seite 128)
1 TL Gewürzmischung (Seite 22)
¾ TL Salz
⅛ TL Pfeffer
1 Messerspitze Muskat
½ dl süße Sahne
4 Eigelb
4 Eiweiß, steif geschlagen
1 El Butter zum Einfetten

60 g Butter in einer Pfanne erhitzen, die Leber hinzugeben und unter mehrmaligem Umrühren 7 Minuten dünsten, in den Mörser geben. Den Cognac in die Pfanne gießen, kurz aufkochen lassen, dabei die Bratrückstände von der Leber in der Pfanne lösen, über die Leberstückchen gießen. Den Rest der Butter und die eingekochte Bechamelsauce, Gewürze hinzugeben und alles im Mörser zerstampfen, durch ein feines Sieb streichen. Die Sahne und die Eigelb gut untermischen (oder alle diese Zutaten im Mixer pürieren und durch ein feines Sieb streichen). Abschmecken, eventuell nachwürzen. Es muß sehr kräftig gewürzt sein, da noch die 4 Eiweiß untergezogen werden. Nun die Eiweiß schnell, doch nicht zu heftig, unterziehen, bis keine weißen Spuren mehr sichtbar sind.
Backofen auf 175 Grad vorheizen.

Backen und Servieren, wie auf Seite 64 beschrieben.
Warm: Geflügel- oder Champignonsauce (Seite 129/130).
Kalt: Grüne Sauce (Seite 130).

Schaumbrot von Gänseleber oder Geflügelleber

250 g rohes Geflügelfleisch, von Haut
und Sehnen befreit, in kleine Stücke
geschnitten
2 Eiweiß
¾ TL Salz
⅛ TL schwarzer Pfeffer
1 TL Gewürzmischung (Seite 22)
150 g Gänseleber oder Geflügelleber,
geputzt und von Sehnen befreit
50 g Trüffeln, gehackt
2 EL Portwein
2 EL Cognac
2 dl süße Sahne, kalt
2 Eiweiß, steif geschlagen
1 EL Butter zum Einfetten

Das Geflügelfleisch durch den Fleischwolf geben und anschließend mit 2 Eiweiß, Salz und Pfeffer und der Gewürzmischung im Mörser zerstoßen, durch ein feines Sieb in eine Schüssel streichen. Die Leber und Trüffeln im Mörser zerstoßen und zu dem Fleisch durch ein feines Sieb streichen. Den Portwein und Cognac untermischen (man kann die Zutaten auch im Elektromixer in 3 Portionen pürieren). Zugedeckt 2 Stunden in den Kühlschrank stellen. Die Schüssel in eine größere, mit Eis gefüllte Schüssel stellen und nach und nach die Sahne unterschlagen. Im letzten Moment die steifgeschlagenen Eiweiß gut unterziehen, so daß keine weißen Spuren mehr zu sehen sind. Abschmecken, eventuell nachwürzen.
Backofen auf 175 Grad vorheizen.

Backen und Servieren, wie auf Seite 64 beschrieben.
Warm Trüffelsauce (Seite 132)
Kalt: Abgekühlt mit Geflügelessenz (Seite 21) bestreichen oder in eine mit Trüffelstücken verzierte Schüssel in Gelee (Seite 63) eingießen.

Schaumbrot von Kalb, Huhn, Wild, Wildgeflügel oder gekochtem Schinken

*1 kg Fleisch, geputzt, gehäutet
und entsehnt, durchgedreht,
bei Geflügel die Leber
mitverwenden
4–5 Eiweiß
1½ TL Salz, ⅛ TL Pfeffer
⅛ TL Cayennepfeffer
2 TL Kräutermischung (Seite 22)
2 EL Butter
1 EL Champignons, gehackt
½ EL Petersilienblätter,
fein gehackt
50 g Gänseleber, von Sehnen befreit
(ersatzweise frische Hühnerleber)
2 EL Madeira
50 g Trüffeln, gehackt
1 l süße Sahne, geschlagen*

Das Fleisch im Mörser zusammen mit
den Eiweiß, den Gewürzen und der
Kräutermischung stampfen (man kann
es auch im Elektromixer, in 4 Portionen verteilt, pürieren), durch ein Sieb
in eine Schüssel streichen.

1 EL Butter in einer Pfanne zergehen
lassen und Champignons und Petersilie 5 Minuten darin dünsten. Die Leber, Champignons, Petersilie und Madeira im Mörser fein stampfen und zu
dem Fleisch durch ein feines Sieb
streichen. Die Trüffeln untermischen.
Die Masse mit einem Holzlöffel glatt
und luftig schlagen, zugedeckt 2 Stunden in den Kühlschrank stellen. Die
Schüssel in eine größere, mit Eis gefüllte stellen und die süße Sahne nach
und nach kräftig unter die Masse
schlagen. Abschmecken, eventuell
nachwürzen.
Backofen auf 175 Grad vorheizen.

Backen und Servieren, wie auf Seite
64 beschrieben.
Warm: Je nach der Sorte Fleisch, die
verwendet wurde, unter dem entsprechenden Rezept bei den warmen Pasteten nachsehen und die dort emp-
fohlene Sauce dazu servieren.
Kalt: Je nach verwendetem Fleisch
mit Geflügelessenz, Wild- oder
Fleischessenz (Seite 21) bestreichen
oder in Gelee (Seite 22) eingießen,
wie auf Seite 63 beschrieben.

Schaumbrot von gekochtem
Schinken, kalt
Rezept Seite 66

Füllpasteten

Allgemeine Grundbeschreibung

Herstellung der Füllpasteten

Kleine Pasteten
Ein Drittel des Blätterteiges auf einer leicht bemehlten Platte 2 mm dick ausrollen und so viele Kreise von 7 cm Durchmesser ausstechen, wie man Pasteten benötigt. Diese Kreise auf ein mit kaltem Wasser abgespültes Backblech legen und mehrmals mit der Gabel einstechen. Den verbliebenen Teig zu einer 8 mm dicken Platte ausrollen und wieder Kreise von 7 cm Durchmesser ausstechen. Die Mitte dieser Kreise mit einem 5 cm Durchmesser großen Ausstecher herausheben, so daß Ringe entstehen.
Die Kreise auf dem Blech werden am äußeren Rand 1 cm breit mit Eigelb bestrichen, die Ringe aufgesetzt. Die Oberfläche der Ringe wird behutsam mit verquirltem Eigelb bestrichen. Es soll an den Seiten nicht herunterlaufen, da das Ei die Blätterteigschichten verklebt und sie dann beim Backen unregelmäßig aufgehen.
Mit einem Ausstecher von 6 cm Durchmesser werden aus dem restlichen Teig – 8 mm dick ausgerollt – die Deckelchen ausgestochen, ebenfalls auf ein mit kaltem Wasser abgespültes Backblech gelegt und vorsichtig mit verquirltem Eigelb bestrichen. Alles noch 20 Minuten kühl ruhen lassen.

Große Pastete
Für eine große Pastete benötigt man etwa 1½ mal so viel Teig wie für die kleinen. Formdurchmesser 24 cm = ca. 600 g Teig.
Man verfährt genauso, wie bei den kleinen Pasteten, nur müssen die Ringe 2 cm breit sein, die Bodenplatte und der Deckel werden 4 mm dick ausgerollt.
Für eine große Pastete ohne Deckel benötigt man etwa ⅓ weniger Teig.

Schnelle Art
Der Teig wird 1 cm dick ausgerollt und für kleine Pasteten so viele Kreise ausgestochen, wie man Pasteten benötigt; für die große Pastete wird nur 1 Kreis von 24 cm Durchmesser ausgestochen. In die Oberfläche ritzt man, 1 cm vom Rand entfernt – bei der großen Pastete 2 cm –, einen Kreis ein, der nach dem Backen vorsichtig mit einem Messer nachgeritzt und als Deckel herausgehoben wird. Die ganze Oberfläche wird mit Eigelb bestrichen.

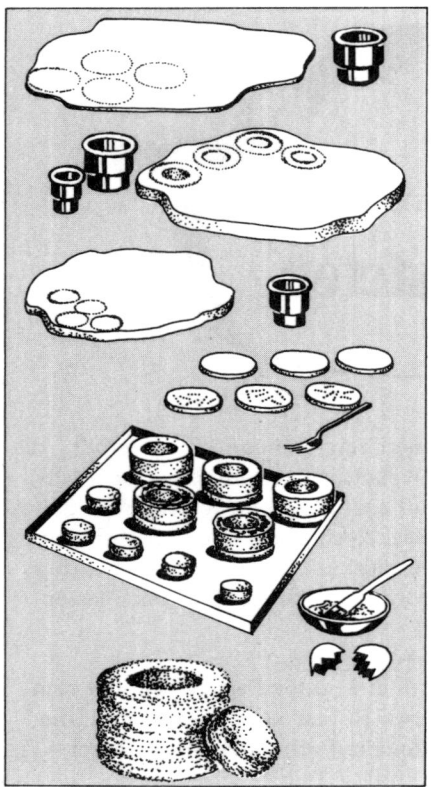

Vol-au-vent Pastetenhaus

Zunächst muß eine Halbkugel geformt werden: Eine Schüssel von 20 cm Durchmesser mit Alufolie auskleiden und mit kleingeschnittenem weißen Seidenpapier oder Alufolie bis zum Rand füllen, glattdrücken, mit Alufolie dicht verschließen und aus der Schüssel stürzen.

Die Hälfte des Teiges 4 mm dick ausrollen, einen Kreis von 28 cm Durchmesser ausradeln und auf ein mit kaltem Wasser abgespültes Backblech heben. In die Mitte die Halbkugel setzen, so daß rundum ein Rand von 4 cm frei bleibt, der mit Eigelb bestrichen wird. Die zweite Teighälfte ebenfalls 4 mm dick ausrollen, einen Kreis von mindestens 30 cm Durchmesser ausradeln, über die Halbkugel legen, die Ränder gut zusammendrükken und die Kanten – bündig mit der unteren Teigplatte – ausradeln.

Die Teigreste zusammendrücken, 2 mm dick ausrollen und 3–4 cm breite Streifen ausradeln, die nach oben etwas schmaler verlaufen. Die Oberfläche der Teigkugel mit Eigelb bestreichen und mit den Streifen belegen, so daß ein Kreis von 6 cm Durchmesser in der Mitte frei bleibt. Mit den noch verbliebenen Streifen den mit Eigelb bestrichenen Rand umlegen, leicht andrücken, nach Belieben verzieren; ebenso die Mitte. Nun das ganze Pastetenhaus mit Eigelb bepinseln und 25 Minuten kühl ruhen lassen. 30 Minuten in dem auf 220 Grad vorgeheizten Backofen backen.

Nach dem Backen einen Kreis in der Mitte einschneiden, als Deckel abheben, einen Ausstecher einsetzen und durch dieses Loch vorsichtig das Seidenpapier bzw. die Folie herauszupfen. Jetzt kann das Pastetenhaus gefüllt, der Deckel wieder aufgelegt und die Pastete serviert werden.

Tiefkühlblätterteig

Den Teig nach Vorschrift auftauen. Anschließend genauso verfahren, wie mit selbst hergestelltem Blätterteig. Wenn man dickere Platten benötigt, streicht man die Oberseite einer Platte mit kaltem Wasser ein, legt eine zweite darauf und drückt sie mit der flachen Hand oder der Teigrolle ganz leicht zusammen.

Backen und Füllen

Den Backofen auf 220 Grad vorheizen, das Backblech einschieben. Backzeit der Pasteten 20 Minuten, der Deckelchen 10 Minuten.
Die heiße, vorbereitete Füllung in die Pasteten füllen, die Deckelchen aufsetzen und servieren.

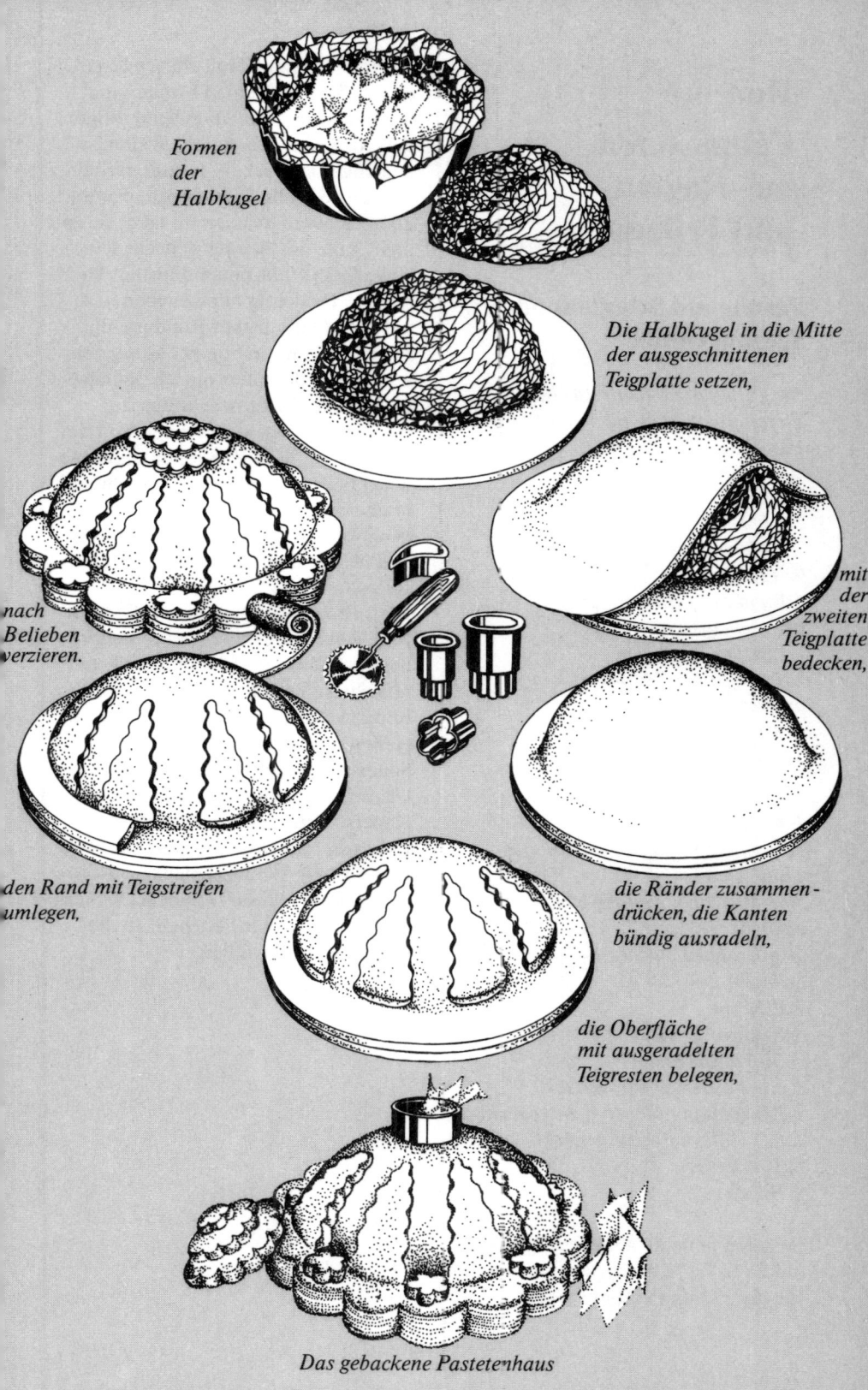

Formen
der
Halbkugel

Die Halbkugel in die Mitte
der ausgeschnittenen
Teigplatte setzen,

nach
Belieben
verzieren.

mit
der
zweiten
Teigplatte
bedecken,

den Rand mit Teigstreifen
umlegen,

die Ränder zusammen-
drücken, die Kanten
bündig ausradeln,

die Oberfläche
mit ausgeradelten
Teigresten belegen,

Das gebackene Pastetenhaus

Rezepte
Füllpasteten
mit Ragout
und Frikassee

Pastete mit Schollen- oder Seezungenfilet

300 g Blätterteig (Seite 14) oder Tiefkühlblätterteig oder 8–10 fertige Pastetchen

Füllung
2 EL Butter
1 Zwiebel, geschält, grob gehackt
¼ TL Thymian
1 Bund Suppenkraut, geputzt, gewaschen, grob gehackt
¼ l herber Weißwein
1 Scholle oder Seezunge, ausgenommen und gut gewaschen
1 dl Weißwein

1 EL Butter
1 EL Mehl
50 g Champignons aus dem Glas, grob gehackt
50 g Muscheln aus der Konserve, gekocht, geschält
50 g Krabben aus der Konserve, gekocht, geschält
1 dl Sahne
8 Kapern, gehackt
½ TL Zitronensaft
1 EL Petersilie, fein gehackt
1 EL Estragonblätter, fein gehackt
1 EL Dillkraut, fein gehackt
Salz, Pfeffer
1 Eigelb

Pasteten herstellen und backen, wie auf Seite 71/72 beschrieben. Zutaten für die Füllung vorbereiten.

In einem flachen Topf Butter zergehen lassen. Zwiebel, Thymian und Suppenkraut darin andünsten, ohne daß sie Farbe annehmen. Weißwein zugießen, aufkochen, herunterschalten. Die Scholle hineinlegen, eventuell noch etwas Wasser zufügen, sie soll nicht ganz mit Wasser bedeckt sein. Zugedeckt 10 Minuten dünsten. Die Scholle vorsichtig herausheben und auf eine Platte legen. Rund um die Filets die Haut mit einem Messer einschneiden, die Filets einzeln abheben und mit der Haut nach unten auf einen Teller legen. Die Filets von der Haut lösen, in Stücke teilen und zugedeckt beiseite stellen. Alle Fischreste in den Sud zurückgeben, mit 1 dl Weißwein aufgießen und 15 Minuten einkochen, durch ein feines Sieb passieren.

1 EL Butter in einer Kasserolle erhitzen, Mehl unterrühren, die Fischbrühe unterschlagen, Champignons und Muschelsaft zugeben, zum Kochen bringen, auf 1 dl einkochen, Sahne zugießen und kochen lassen, bis die Sauce dickflüssig ist. Die Fischstücke, Champignons, Muscheln, Krabben, Kapern, Zitronensaft, Petersilie, Estragon und Dill untermischen. Mit Salz und Pfeffer abschmecken. Das Eigelb unterrühren. Zugedeckt warm stellen. Nicht mehr kochen! In die heißen Pasteten füllen.

Pastete mit Thunfisch, harten Eiern und Oliven

300 g Blätterteig (Seite 14) oder Tiefkühlblätterteig oder 8–10 fertige Pastetchen

Füllung
1 EL Butter
1 EL Olivenöl
1 Zwiebel, fein gehackt
1 Zehe Knoblauch, fein gehackt
4 Tomaten, überbrüht, gehäutet, gewürfelt
2 Sardellenfilets, gewässert, entgrätet, gehackt
30 grüne Oliven, mit rotem Paprika gefüllt, gehackt
2 EL Petersilie, fein gehackt
4 EL herber Weißwein
1 dl Bechamelsauce (Seite 128)
200 g Thunfisch aus der Dose, in Stücke geschnitten
3 Eier, hart gekocht, geschält, grob gehackt
4 EL Crème fraîche
Salz, Pfeffer
1 Messerspitze Cayennepfeffer
2 EL Zitronensaft

Pasteten herstellen und backen, wie auf Seite 71/72 beschrieben. Zutaten für die Füllung vorbereiten.
Butter und Olivenöl erhitzen und Zwiebeln und Knoblauch hellbraun anbraten. Tomaten, Sardellen, Oliven und Petersilie zugeben, kurz mitdünsten, mit Weißwein aufgießen, auf kleiner Flamme unter gelegentlichem Rühren einkochen, bis die Flüssigkeit verdampft ist. Beiseite stellen.
Bechamelsauce erhitzen. Tomatensauce unterrühren, Thunfisch, Eier und Crème fraîche unterziehen. Erhitzen, aber nicht mehr kochen lassen. Mit Salz, Pfeffer, Cayennepfeffer und Zitronensaft abschmecken. In die heißen Pasteten füllen.

Pastete mit Muschelragout

300 g Blätterteig (Seite 14) oder Tiefkühlblätterteig oder 8–10 fertige Pastetchen

Füllung
1 kg Miesmuscheln, gründlich abgeschabt, Bärte entfernt, gebürstet gewaschen
½ l Weißwein
4 Stengel Petersilie
1 Lorbeerblatt
2 Stengel Thymian
1 Karotte, geputzt, gewaschen, grob gehackt
1 Zwiebel, geschält, grob gehackt
1 Knoblauchzehe, geschält, grob gehackt
4 Pfefferkörner
4 Safranfäden
1 langes Stück Orangenschale

2 EL Öl
2 Schalotten, geschält und fein gehackt
100 g Champignons, geputzt, gewaschen, fein gehackt
1 EL Mehl
1½ dl Sahne
1 EL Petersilie, fein gehackt
1 EL Zitronensaft
150 g Krevetten
Salz, Pfeffer
2 Eigelb

Pasteten herstellen und backen, wie auf Seite 71/72 beschrieben. Zutaten für die Füllung vorbereiten.
In einem großen Topf Weißwein, Petersilie, Lorbeerblatt, Thymian, Karotte, Zwiebel, Knoblauch, Pfefferkörner, Safran und Orangenschale zum Kochen bringen. Miesmuscheln hineinschütten, Deckel auflegen und kräftig 5 Minuten kochen, dabei den Inhalt kräftig schütteln. Alles auf ein feines Sieb gießen, den Sud auffangen. Muscheln gut abtropfen. Nur die

Muscheln aus den Schalen lösen, die sich geöffnet haben (die anderen waren eventuell schon vorher tot) und zugedeckt warm halten. Brühe stark einkochen und durch ein Tuch gießen.

Das Öl in einer Kasserolle erhitzen. Schalotten und Champignons darin 2 Minuten dünsten, Mehl unter Rühren darüberstreuen, kurz anschwitzen, Muschelbrühe aufgießen, gut verrühren, dickflüssig einkochen, Sahne zugeben und kochen lassen, bis sie cremig ist. Jetzt Petersilie, Zitronensaft und Krevetten unterziehen, mit Salz und Pfeffer abschmecken, vom Feuer nehmen. Eigelb unterziehen und 10 Minuten zugedeckt ziehen lassen. In die heißen Pasteten füllen.

Pastete mit Garnelenragout

300 g Blätterteig (Seite 14) oder Tiefkühlblätterteig oder 8–10 fertige Pastetchen

Füllung
2 EL Butter
300 g Garnelenschwänze, gekocht, ausgelöst
150 g Champignons, blättrig geschnitten (Konserve)
½ EL Zitronensaft
1 EL Butter
1 Zwiebel, geschält und fein gehackt
¾ EL Mehl
¾ dl herber Weißwein
1 dl Hühnerbrühe (auch Instantbrühe)
1 EL Zitronensaft
¼ l Sahne
½ TL Kerbelblätter, fein gehackt
1 TL Estragonblätter, fein gehackt
1 EL Petersilienblätter, fein gehackt
2 TL Tomatenketchup
Salz, Pfeffer, Cayennepfeffer
50 g Emmentalerkäse, gerieben
1 EL Krebsbutter

Pasteten herstellen und backen, wie auf Seite 71/72 beschrieben. Zutaten für die Füllung vorbereiten.

Die Butter in einer Pfanne erhitzen. Garnelen schnell rundherum andünsten, Champignons, Zitronensaft zugeben und weitere 3 Minuten dünsten. Zugedeckt warm stellen.

In einem kleinen Topf 1 EL Butter zerlassen, die Zwiebel unter Rühren 5 Minuten darin dünsten. Mehl darüberstreuen, verrühren, mit Weißwein, Brühe und Zitronensaft aufgießen und dicklich einkochen. Durch ein Haarsieb passieren, wieder in den Topf gießen, die Sahne, Kerbel, Estragon, Petersilie und Tomatenketchup zufügen, wieder dickflüssig einkochen. Mit Salz, Pfeffer und Cayennepfeffer abschmecken. Käse unterrühren, schmelzen lassen. Nun die Garnelenschwänze und Champignons sowie die Krebsbutter unterziehen. In die heißen Pasteten füllen.

Pastete mit Anchovis und harten Eiern

300 g Blätterteig (Seite 14) oder 300 g Tiefkühlblätterteig oder 10 fertige Pastetchen

Füllung
2 EL Butter
1 Zwiebel, geschält, fein gehackt
1 EL Mehl, 2½ dl Milch
4 EL Anchovispaste
4 EL süße Sahne
2 Eier, hart gekocht, geschält, fein gehackt
150 g Zunge, gepökelt, Haut entfernt, in ½ cm große Würfel geschnitten
3 EL Estragonblätter, gehackt
3 EL Kapern, gehackt
2 EL Petersilie, fein gehackt
3 EL Zitronensaft
Salz, Pfeffer, Muskat

Pasteten herstellen und backen, wie auf Seite 71/72 beschrieben. Zutaten für die Füllung vorbereiten.

Die Butter auf mittlerer Hitze schmelzen und die Zwiebelstücke darin goldgelb anbraten. Mehl darüberstäuben und unter Rühren anschwitzen, mit der Milch aufgießen und auf kleiner Flamme unter gelegentlichem Rühren dick einkochen. Vom Feuer nehmen. Anchovispaste und Sahne unterrühren. Eier, Zungenwürfel, Estragon, Kapern, Petersilie und Zitronensaft unterziehen und mit Salz, Pfeffer und Muskat würzig abschmecken. In die heißen Pasteten füllen.

Pastete mit Kalbsfrikassee

300 g Blätterteig (Seite 14) oder Tiefkühlblätterteig oder 8–10 fertige Pastetchen

Füllung
400 g Kalbfleisch von Brust oder Schulter
1 Zwiebel, geschält, geviertelt
1 Bund Suppenkraut, geputzt, gewaschen, in Stücke geschnitten
1 Lorbeerblatt
2 Zweige Thymian
1 Blatt Liebstöckel
3 Zweige Petersilie, gewaschen
1 Zehe Knoblauch, gehäutet

4 EL Butter, 2 EL Mehl
1 Stück Zitronenschale
1/4 l herber Weißwein
1 dl süße Sahne
2 Eigelb
50 g kleine, grüne Erbsen aus der Konserve
150 g Champignons aus der Konserve, blättrig geschnitten
4 Stengel Petersilienblätter, gehackt
Salz, weißer Pfeffer
1 Messerspitze Muskat

Pasteten herstellen und backen, wie auf Seite 71/72 beschrieben. Zutaten für die Füllung vorbereiten.

In einem kleinen Topf so viel Wasser zum Kochen bringen, daß das Fleisch später davon gerade bedeckt ist. Fleisch hineingeben, Hitze herunterschalten und 5 Minuten den aufkommenden Schaum abschäumen, dann Suppenkraut, Lorbeerblatt, Thymian, Liebstöckel, Petersilie und Knoblauch zugeben und zugedeckt noch eine 3/4 Stunde leicht kochen lassen. Fleisch herausheben, 10 Minuten abkühlen lassen, damit der Saft nicht ausfließt. Brühe auf 2 dl einkochen. Durch ein Haarsieb gießen, das Gemüse mit einem Holzlöffel gut ausdrücken. Das Fleisch in 1/2–1 cm große Würfel schneiden.

Butter in einer Schmorpfanne erhitzen, Mehl rasch unterrühren, gelb anschwitzen. Die Brühe unterschlagen, Zitronenschale und Weißwein zugeben und auf 1 dl einkochen. Zitronenschale herausfischen, Sahne in die Brühe schütten und unter Rühren reduzieren, bis die Sauce dickflüssig ist. Vom Feuer nehmen, mit den Eigelb legieren. Erbsen, Champignons, Petersilie untermischen. Mit Salz, Pfeffer und Muskat würzen. Erhitzen, aber nicht mehr kochen lassen, da das Eigelb sonst gerinnt. 10 Minuten zugedeckt ziehen lassen, dann in die heißen Pasteten füllen.

Pastete mit Kalbsragout
Foto Seite 87

*300 g Blätterteig (Seite 14) oder
Tiefkühlblätterteig oder 8–10 fertige
Pastetchen*

*Füllung
2 EL Olivenöl
400 g Kalbfleisch von Schulter oder
Brust, in 1 cm große Würfel
geschnitten
1 Zwiebel, geschält und gehackt
1 Zehe Knoblauch, geschält und
gehackt
1 EL Mehl
½ dl Weißwein
1 dl Kalbsbrühe (auch Instantbrühe)
1 Zweig Thymian
1 Lorbeerblatt
3 Stengel Petersilie, gewaschen
1 Stück Zitronenschale
4 EL Butter
1 EL Zitronensaft
200 g Champignons, geputzt, gewaschen, abgetrocknet, grob gehackt
250 g Tomaten, geschält, entkernt,
grob gehackt
12 grüne Oliven, entkernt
¼ TL Zucker
1 EL Zitronensaft
1 EL Petersilie, gewaschen,
fein gehackt
1 EL Estragon, gewaschen,
fein gehackt
Salz, Pfeffer*

Pasteten herstellen und backen, wie
auf Seite 71/72 beschrieben. Zutaten
für die Füllung vorbereiten.
Das Öl in der Pfanne erhitzen und das
Kalbfleisch schnell von allen Seiten
darin anbräunen. Zwiebel und Knoblauch zufügen und unter Rühren auch
leicht anbräunen. Mit dem Mehl bestäuben, gut durchrühren, mit dem
Weißwein ablöschen. Den Bratsatz
von der Pfanne kratzen, Kalbsbrühe

zugießen, Thymian, Lorbeerblatt, Petersilie und Zitronenschale hinzufügen, zum Kochen bringen. Hitze herunterschalten und zugedeckt ½ Stunde
köcheln lassen.
In der Zwischenzeit erhitzt man die
Butter, gibt die Champignons und den
Zitronensaft hinein und brät sie unter
ständigem Rühren leicht an. Zum
Fleisch geben.
Thymian, Lorbeer, Petersilie, Zitronenschale entfernen. Tomaten und
Oliven, Zucker, Zitronensaft, Petersilie und Estragon untermischen, mit
Salz und Pfeffer abschmecken. 10 Minuten sieden lassen. Das Ragout soll
dickflüssig sein, notfalls noch etwas
einkochen. In die heißen Pasteten
füllen.

Pastete mit Kalbfleisch,
Zunge und Schinken

*300 g Blätterteig (Seite 14) oder
Tiefkühlblätterteig oder 8–10 fertige
Pastetchen*

*Füllung
2 EL Butter
150 g Kalbfleisch von Brust oder
Schulter, in ½ cm große Würfel
geschnitten
1 Zwiebel, geschält, gehackt
3 EL Madeira
2 dl Fleischbrühe (auch Instantbrühe)
2 Stengel Thymian
1 Lorbeerblatt*

*2 EL Butter
125 g Champignons, geputzt, gewaschen, trocken getupft und blättrig
geschnitten (oder aus dem Glas)
150 g Zunge, gepökelt, Haut entfernt,
in ½ cm große Würfel geschnitten
1 EL Petersilienblätter, gewaschen und
fein gehackt
2 EL Madeira*

1 EL Mehl
2 EL Wasser
2 dl süße Sahne
100 g gekochter Schinken (mager),
in ½ cm große Würfel geschnitten
1½ EL Kapern
1 EL Zitronensaft
Salz, Pfeffer
1 Eigelb

Pasteten herstellen und backen, wie
auf Seite 71/72 beschrieben. Zutaten
für die Füllung vorbereiten.
Die Butter in einer Kasserolle erhitzen und das Kalbfleisch von allen Seiten hellbraun darin anbraten. Die
Zwiebel zugeben, umrühren und glasig dünsten. Mit Madeira ablöschen,
den Bratsatz vom Topfboden kratzen,
Fleischbrühe auffüllen, Thymian und
Lorbeer zugeben und auf kleiner
Flamme 30 Minuten köcheln lassen.
Butter in einer anderen kleinen Kasserolle erhitzen, Champignons, Zungenwürfel und Petersilie 10 Minuten
zugedeckt dünsten, dabei ein paarmal
umrühren. Madeira unterrühren, einkochen, zugedeckt beiseite stellen.
Fleisch und Zwiebeln aus der Sauce
nehmen, zu den Champignons und
der Zunge geben, Lorbeer und Thymian wegwerfen.
Mehl mit Wasser verrühren, in die
Sauce rühren, aufkochen, Sahne zuschütten und cremig einkochen. Vom
Feuer nehmen. Schinken, Champignons, Petersilie, Zungenwürfel,
Fleisch, Zwiebeln, Kapern und Zitronensaft untermischen. Mit Salz und
Pfeffer abschmecken, nochmals unter
Rühren erhitzen. Vom Feuer nehmen,
Eigelb unterziehen und zugedeckt
5 Minuten ziehen lassen. Die Pasteten
füllen.

Pastete mit Kalbsbries und Krabben

300 g Blätterteig (Seite 14) oder
Tiefkühlblätterteig oder 8–10 fertige
Pastetchen

Füllung
1 Kalbsbries
Salz, Pfeffer, Mehl
3 EL Butter
1 Zwiebel, geschält und fein gehackt
1 Karotte, geschält und fein gehackt
1 dl herber Weißwein
4 EL trockener Wermut
1 Lorbeerblatt, 2 Zweige Thymian

3 EL Butter
200 g Krabben, gekocht, geschält
100 g Champignons, geputzt,
in Scheiben geschnitten
1 EL Zitronensaft
1 EL Petersilienblätter, fein gehackt
2 EL Cognac, 4 dl süße Sahne

Kalbsbries 3 Stunden in lauwarmes
Wasser legen, das man zweimal aus-
tauscht.
Pasteten herstellen und backen, wie
auf Seite 71/72 beschrieben. Zutaten
für die Füllung vorbereiten.
Nun legt man das Kalbsbries in einen
Topf und gibt reichlich kaltes Wasser
hinzu, erhitzt es langsam, bis es kocht,
schaltet herunter und siedet 20 Minuten. Das Kalbsbries in ein Sieb legen
und mit kaltem Wasser abschrecken.
Man zieht vorsichtig die Haut ab,
schneidet es in 1½–2 cm große Würfel,
salzt, pfeffert und bepudert sie mit
Mehl von allen Seiten und schüttelt
das überschüssige Mehl ab. Jetzt erhitzt man 3 EL Butter und brät das
Bries von allen Seiten schnell hellbraun an. Man gibt die Zwiebeln und
Karotten hinzu, die auch kurz angebraten werden, fügt den Weißwein
und Wermut, Lorbeer und Thymian

hinzu, schabt den Bratensatz vom Topfboden los und dünstet das Ganze zugedeckt 20 Minuten, bis die Karotten weich sind. Man schüttet den Pfanneninhalt auf ein Sieb, fängt die Sauce auf und entfernt Thymian und Lorbeer. Das Bries mit dem Gemüse hält man zugedeckt warm.

Die Butter wird in der Kasserolle erhitzt, die Krabben kurz darin rundherum angebraten. Nun die Champignons und Zitronensaft zufügen, 5 Minuten dünsten, Petersilie untermischen, noch 5 Minuten dünsten und zu dem Bries geben.

Die Sauce in die Kasserolle geben, den Bratsatz losschaben, einkochen. Cognac zugeben, aufkochen. Sahne unterrühren und dickflüssig einkochen. Bries, Krabben und Champignons untermischen, mit Salz und Pfeffer abschmecken, erhitzen und zugedeckt 10 Minuten ziehen lassen. Nicht mehr kochen! In die heißen Pasteten füllen.

Pastete mit Kalbscurry

300 g Blätterteig (Seite 14) oder Tiefkühlblätterteig oder 8–10 fertige Pastetchen

Füllung
60 g Butter
400 g Kalbfleisch, in ca. 1 cm große Würfel geschnitten
1 große Zwiebel, geschält, gehackt
¼ Sellerie, geputzt, fein gehackt
2 Äpfel, geschält, entkernt und grob gehackt
2 Zweige Thymian
3 TL Curry
¼ l Kalbsbrühe (auch Instantbrühe)
Salz, Pfeffer
20 g Mehl
1½ dl Weißwein
½ dl süße Sahne

Pasteten herstellen und backen, wie auf Seite 71/72 beschrieben. Zutaten für die Füllung vorbereiten.

40 g Butter in der Schmorpfanne stark erhitzen, das Kalbfleisch darin schnell von allen Seiten leicht bräunen. Herunterschalten, Zwiebel und Sellerie zugeben, 5 Minuten mitdünsten. Äpfel und Thymian dazugeben, mit dem Curry bestäuben, verrühren. Mit der Fleischbrühe auffüllen, den Bodensatz loskratzen und 25 Minuten auf kleiner Flamme zugedeckt köcheln lassen. Vom Feuer nehmen, Thymian entfernen, mit Salz und Pfeffer abschmecken, durch ein Haarsieb gießen, die Sauce auffangen. Das Fleisch und Gemüse zugedeckt warm halten.

Die restliche Butter erhitzen; wenn sie schäumt, das Mehl schnell unterrühren, 3 Minuten anschwitzen. Die Sauce mit dem Schneebesen unterschlagen, Weißwein zugießen, dick einkochen, Sahne zugießen, unter Rühren einkochen, bis sie cremig ist. Das Kalbfleisch und Zutaten unter die Sauce mischen, zugedeckt 5 Minuten ziehen lassen. Nicht kochen! In die heißen Pasteten füllen.

Pastete mit Kalbsnierenragout
Foto Seite 87

300 g Blätterteig (Seite 14) oder Tiefkühlblätterteig oder 8–10 fertige Pastetchen

Füllung
4 EL Butter
1 Kalbsniere, gewaschen, abgetrocknet, gehäutet, der Länge nach geteilt, von Fett und Sehnen befreit, in 3 mm dicke Scheiben geschnitten
50 g durchwachsener Speck, in ½ cm große Würfel geschnitten
1 Zwiebel, geschält, fein gehackt

1 Zehe Knoblauch, fein gehackt
1 mittelgroße Karotte, geschält,
in dünne Scheiben geschnitten
125 g Champignons, geputzt,
gewaschen, abgetrocknet, gehackt
3 EL Cognac
1 EL Mehl
½ dl Kalbsbrühe
1 dl süße Sahne
Salz, Pfeffer
2 EL Petersilienblätter, fein gehackt
2 EL Pistazien, ungesalzen

Pasteten herstellen und backen, wie
auf Seite 71/72 beschrieben. Zutaten
für die Füllung vorbereiten.
3 EL Butter in einer Schmorpfanne
erhitzen; wenn sie schäumt, die Nie-
renscheiben hineinlegen und rasch
von allen Seiten bei nicht zu starker
Hitze leicht anbräunen, sie sollen
noch rosa sein. Nieren aus der Pfanne
heben, auf einem Teller zugedeckt
warm halten.
Nun den Speck und 1 EL Butter in die
Pfanne geben, kurz rundherum anbraten, Zwiebel, Knoblauch, Karotte und
Champignons zufügen, unter Rühren
2 Minuten dünsten. Mit dem Cognac
ablöschen, den Bratsatz von der Pfanne schaben, einkochen lassen. Mehl
darüberstäuben, unter Rühren mit der
Kalbsbrühe auffüllen und dickflüssig
einkochen. Sahne unterrühren und
wieder einkochen, bis die Sauce cremig ist. Mit Salz und Pfeffer abschmecken, die Nieren unterziehen
und zugedeckt 5 Minuten ziehen lassen. Unter keinen Umständen darf
das Ganze nochmals kochen, weil die
Nieren sonst hart werden. In die heißen Pasteten füllen, mit Petersilie bestreuen und mit Pistazien (nach Belieben).

Pastete mit Schinken

300 g Blätterteig (Seite 14) oder
Tiefkühlblätterteig oder 8–10 fertige
Pastetchen

Füllung
2 EL Butter
1 Zwiebel, geschält, fein gehackt
1 Zehe Knoblauch, geschält, fein
gehackt
300 g gekochter Schinken, Schwarte
und Fett entfernt, in 1 cm große Würfel
geschnitten
125 g Champignons, gewaschen,
geputzt, in feine Scheiben geschnitten
(oder Konserve)
½ dl Weißwein
½ dl Madeira
1 EL Petersilienblätter, gewaschen,
fein gehackt
½ EL Estragonblätter, gewaschen, fein
gehackt
1 große Tomate, überbrüht, geschält,
gehackt
1½ EL Butter
1½ EL Mehl
1½ dl Kalbsbrühe (Instant)
1½ dl süße Sahne
Pfeffer, Salz, Cayennepfeffer

Pasteten herstellen und backen, wie
auf Seite 71/72 beschrieben. Zutaten
für die Füllung vorbereiten.
Die Butter erhitzen, Zwiebel und
Knoblauch darin goldgelb anbraten.
Den Schinken hinzufügen, kurz mitbraten. Champignons untermischen,
Weißwein und Madeira zugießen sowie Petersilie, Estragon und Tomate
untermischen. 10 Minuten auf kleiner
Flamme kochen lassen, die Flüssigkeit
sollte verkocht sein.
1½ EL Butter in einer Kasserolle erhitzen, bis sie schäumt, Mehl zugeben
und unter Rühren goldgelb anschwitzen. Kalbsbrühe unterschlagen, aufkochen, Sahne zugeben und unter

gelegentlichem Rühren sämig einkochen. Zum Schinken gießen, gut vermischen, mit Pfeffer, Salz und Cayenne abschmecken. In die heißen Pasteten füllen.

Pastete mit Lammragout

300 g Blätterteig (Seite 14) oder
Tiefkühlblätterteig oder 8–10 fertige
Pastetchen

Füllung
2 EL Olivenöl, 2 EL Butter
300 g Lammbrust, in 1½ cm breite
Streifen geschnitten
1 Zehe Knoblauch, geschält, gehackt
1 mittelgroße Zwiebel, geschält,
gehackt
1 dl herber Roséwein
1½ dl Kalbsbrühe
1 mittelgroße Kartoffel, geschält,
gewaschen, in Stücke geschnitten
1 Bund Suppenkraut, geputzt,
gewaschen, in Stücke geschnitten
4 Stengel Petersilie
1 ganzes Sellerieblatt, gehackt
1 Lorbeerblatt
4 Stengel Thymian
10 Nadeln Rosmarin
2 große Tomaten, überbrüht, geschält,
gewürfelt
150 g Champignons, geputzt,
gewaschen, in Scheiben geschnitten
(oder aus der Konserve)
1 EL Pfefferminz- oder Estragon-
blätter, fein gehackt
4 EL Crème fraîche
Salz, Pfeffer
½ TL Chilipüree oder 1 Messerspitze
Cayennepfeffer
6 EL Walnüsse, grob gehackt
2 Eigelb

Pasteten herstellen und backen, wie auf Seite 71/72 beschrieben. Zutaten für die Füllung vorbereiten.

Öl und Butter in einer Kasserolle erhitzen und die Fleischstreifen darin schnell von allen Seiten anbraten. Knoblauch und Zwiebel zugeben und 2 Minuten unter Rühren mitbraten. Mit Roséwein und Kalbsbrühe aufgießen, den Bratensatz vom Topfboden schaben. Kartoffel, Suppenkraut, Petersilie, Sellerieblatt, Lorbeer, Thymian, Rosmarin und Tomaten zugeben, zum Kochen bringen, herunterschalten und 40 Minuten zugedeckt köcheln lassen. Fleisch herausfischen und zugedeckt warm halten, Lorbeer wegwerfen.
Sauce und Gemüse durch ein Haarsieb passieren, wieder in die Kasserolle geben. Champignons, Pfefferminz- und Estragonblätter zufügen, dick einkochen. Fleisch in 1½ cm große Würfel schneiden, untermischen. Crème fraîche untermischen, mit Salz, Pfeffer und Chilipüree abschmecken. Nüsse unterziehen, erhitzen, doch nicht kochen lassen, Eigelb unterrühren, zugedeckt 10 Minuten ziehen lassen. In die heißen Pasteten füllen.

Pastete mit Geflügelfrikassee

300 g Blätterteig (Seite 14) oder
Tiefkühlblätterteig oder 8–10 fertige
Pastetchen

Füllung
6 Spitzmorcheln, getrocknet
3 EL Butter
2 ganze Hähnchenbrüste
1 Knoblauchzehe, geschält, fein
gehackt
2 dl herber Weißwein
2 dl Hühnerbrühe
1 Bund Suppenkraut, geputzt,
gewaschen, grob gehackt
2 Stengel Thymian
1 Lorbeerblatt
1 Liebstöckelblatt

1 EL Butter
1½ dl süße Sahne
8 Spargel aus der Konserve, in 1 cm
lange Stücke geschnitten
2 TL Zitronensaft
Salz, Pfeffer
1 EL Petersilienblätter, fein gehackt

Morcheln 1 Stunde in warmem Wasser aufweichen. Pasteten herstellen und backen, wie auf Seite 71/72 beschrieben. Zutaten für die Füllung vorbereiten.
Die Butter in einer Kasserolle erhitzen und die Hähnchenbrüste von allen Seiten darin leicht anbraten. Knoblauch und Weißwein zugeben und 5 Minuten zugedeckt schmoren. Hühnerbrühe, Suppenkraut, Thymian, Lorbeer und Liebstöckel zufügen und 20 Minuten leicht köcheln lassen. Die Brüste herausnehmen und abkühlen lassen. Die Brühe durch ein Sieb gießen, die Kräuter mit dem Holzlöffel durchdrücken. Haut und Knochen vom Fleisch lösen, das Fleisch in 1 cm große Würfel schneiden. Morcheln aus dem Wasser fischen, abtrocknen und in Stücke schneiden.
1 EL Butter zergehen lassen, Morcheln und ½ Tasse von der Brühe zugeben und 5 Minuten leicht kochen lassen. Morcheln zu dem Hühnerfleisch geben. Restliche Brühe in den Topf gießen, dicklich einkochen, mit der Sahne aufgießen und kochen, bis die Sauce sämig ist. Nun Fleisch, Morcheln, Spargel und Zitronensaft unterziehen, mit Salz und Pfeffer abschmecken, erhitzen, aber nicht kochen lassen. 10 Minuten zugedeckt ziehen lassen. In die heißen Pasteten füllen und mit Petersilie bestreuen.

Pastete mit Hähnchenbrust und Nüssen

300 g Blätterteig (Seite 14) oder Tiefkühlblätterteig oder 8–10 fertige Pastetchen

Füllung
2 EL Butter
2 ganze Hähnchenbrüste
1 Zwiebel, geschält, fein gehackt
1 Bund Suppenkraut, geputzt, gewaschen, gehackt
2 Lorbeerblätter
½ TL Thymian
10 Safranfäden
2 dl Hühnerbrühe
1 Scheibe Weißbrot, entrindet
100 g Walnüsse, gemahlen
¼ TL Koriander, frisch gemahlen oder gestoßen
1 TL Paprikapulver, süß
1 EL Butter
6 EL rote Paprikaschote, klein gehackt
Salz, Pfeffer, Cayennepfeffer
2 EL Zitronensaft
4 EL Pistazien, geschält, ungesalzen, grob gehackt

Pasteten herstellen und backen, wie auf Seite 71/72 beschrieben. Zutaten für die Füllung vorbereiten.
Die Butter erhitzen und schnell die Hähnchenbrüste darin rundherum goldbraun anbraten. Zwiebel und das Suppenkraut kurz mitbraten, Lorbeer, Thymian und Safran zugeben, mit der Hühnerbrühe aufgießen. Zugedeckt 20 Minuten köcheln lassen. Auf ein Haarsieb schütten, Hähnchenbrüste beiseite stellen und abkühlen lassen, Lorbeerblatt fortwerfen, Gemüse durchdrücken. Weißbrot in etwas Brühe einweichen. Die restliche Brühe dickflüssig einkochen. Nüsse und Koriander, Paprikapulver, Weißbrot und Brühe gut vermischen. Das

Fleisch von Haut und Knochen lösen und in 1 cm große Würfel schneiden. 1 EL Butter zergehen lassen und den Paprika darin fast weich dünsten. Das Nußmus zugeben, kurz aufkochen, Hähnchen untermischen und mit Salz, Pfeffer, Cayennepfeffer und Zitronensaft abschmecken, warm stellen. Die Pasteten füllen und mit Pistazien bestreuen.

Pastete mit Huhn in Paprikasauce

300 g Blätterteig (Seite 14) oder Tiefkühlblätterteig oder 8–10 fertige Pastetchen

Füllung
3 EL Butter
½ Hähnchen, in 4 Teile geteilt
1 Zwiebel, geschält, fein gehackt
1 Bund Suppenkraut, geputzt, gewaschen, in Stücke geschnitten
1 Zweig Thymian
1 Lorbeerblatt
2 Zweige Estragon
4 Zweige Petersilie
½ Zehe Knoblauch, geschält, fein gehackt
1½ dl herber Weißwein
1½ dl Hühnerbrühe
1 EL Butter
100 g Champignons, geputzt, gewaschen, in Scheiben geschnitten
1 EL Zitronensaft
1 EL Butter, 1 EL Mehl
2 TL Paprikapulver, süß
1½ dl süße Sahne
1 EL Petersilie, fein gehackt
6 Artischockenböden, in 1 cm große Würfel geschnitten
Salz, Pfeffer

Pasteten herstellen und backen, wie auf Seite 71/72 beschrieben. Die Zutaten für die Füllung vorbereiten.

Die Butter erhitzen und das Hähnchen von allen Seiten schnell anbraten. Zwiebel, Suppenkraut, Thymian, Lorbeer, Estragon, Petersilie und Knoblauch zufügen und 3 Minuten mitdünsten. Mit dem Weißwein auffüllen, Bratsatz von der Pfanne schaben, aufkochen lassen, Hühnerbrühe zugießen und 20 Minuten zugedeckt leicht kochen lassen. Hühnerstücke herausfischen, abkühlen lassen. Die Brühe durch ein Haarsieb passieren und die Gemüse gut ausdrücken. Das Fleisch von Haut, Knochen, Sehnen und Knorpel befreien und in 1 cm große Würfel schneiden. 1 EL Butter in einer Pfanne zergehen lassen, Champignons und Zitronensaft 5 Minuten darin dünsten, auf einen Teller beiseite stellen. Wieder 1 EL Butter erhitzen, Mehl unterrühren, Paprikapulver darüberstreuen, kurz anschwitzen, mit der Brühe auffüllen, einkochen, Sahne unterrühren und reduzieren, bis sie dickflüssig ist. Petersilie, Hühnerfleisch, Champignons und Artischocken untermischen, mit Salz und Pfeffer abschmecken, nochmals erhitzen, aber nicht mehr kochen lassen. In die heißen Pasteten füllen.

Pastete mit Hühnerpüree und pochierten Eiern

300 g Blätterteig (Seite 14) oder Tiefkühlblätterteig oder 8 fertige Pastetchen

Füllung
2 EL Butter
¼ Hähnchen, in 3 Teile zerlegt
½ Zwiebel, grob gehackt
1 Bund Suppenkraut, geputzt, gewaschen, in Stücke geschnitten
3 Stengel Petersilie
1 Lorbeerblatt
1 Liebstöckelblatt

2 Stengel Estragon
50 g kleine Champignons, geputzt,
gewaschen, grob gehackt
1½ dl herber Weißwein
1 dl Hühnerbrühe

4 EL Butter
4 EL Mehl
1 dl süße Sahne
Salz, Pfeffer
3 EL Crème fraîche

1 EL Essig
8 kleine Eier
100 g Zunge, gepökelt, Haut abgezogen, in ½ cm große Würfel geschnitten

Pasteten herstellen und backen, wie auf Seite 71/72 beschrieben. Zutaten für die Füllung vorbereiten.
Die Butter erhitzen, das Hähnchen darin von allen Seiten kurz anbraten. Zwiebel, Suppenkraut, Petersilie, Lorbeer, Liebstöckel, Estragon, Champignons zugeben und 3 Minuten unter Rühren mitdünsten. Weißwein zugießen, aufkochen, mit der Brühe auffüllen und 20 Minuten zugedeckt leise köcheln lassen. Das Fleisch herausnehmen, etwas abkühlen lassen. Brühe durch ein Haarsieb gießen und das Gemüse kräftig mit einem Holzlöffel ausdrücken. Das Fleisch von Knorpel, Sehnen, Haut und Knochen lösen, fein hacken und durch ein Sieb passieren (oder in 2 Portionen mit 2 EL Fleischbrühe im Mixer pürieren).
3 EL Butter in der Kasserolle erhitzen, bis sie schäumt, das Mehl darüberstreuen, unter Rühren hell anschwitzen, die Brühe unterschlagen und dick einkochen. Vom Feuer nehmen. ⅓ der Sauce in eine andere Kasserolle schöpfen, mit Sahne aufschlagen und dickflüssig einkochen lassen, mit Salz und Pfeffer abschmecken.
1 EL Butter in einer Pfanne schmelzen und das Fleischpüree hineinge-

ben, bei niedriger Hitze erwärmen und noch etwas trockener werden lassen, dabei immer wieder rühren, es darf nicht ansetzen. Die restlichen ⅔ der eingekochten Sauce gut untermengen, nochmals erhitzen, vom Feuer nehmen, die Crème fraîche unterrühren und mit Salz und Pfeffer abschmecken.
1 Liter Wasser mit dem Essig in einem flachen Topf zum Kochen bringen, der so breit ist, daß die 8 Eier später nebeneinander darin schwimmen können. Nun die Eier, eines nach dem anderen, vorsichtig in das sprudelnde Wasser schlagen und auf kleiner Flamme 2½ Minuten sieden. Die Eier vorsichtig herausschöpfen und auf einen Teller legen, Ränder glatt schneiden.
Hühnerpüree in die heißen Pasteten füllen, Zungenwürfel darüberstreuen, je 1 Ei einlegen und mit der Sauce übergießen.

Pastete mit Wildragout

300 g Blätterteig (Seite 14) oder Tiefkühlblätterteig oder 8–10 fertige Pastetchen

Füllung
10 Spitzmorcheln
2 EL Butter
2 EL durchwachsener Speck, fein gewürfelt
1 Zwiebel, geschält, fein gehackt
1 Bund Suppenkraut, geputzt, gewaschen, grob gehackt
50 g Champignons, geputzt, gewaschen, grob gehackt
3 Stengel Petersilie
1 EL Mehl
1 EL Tomatenmark
1 dl Fleischbrühe
1 dl Rotwein
¼ TL Thymianblätter

2 Lorbeerblätter
2 Liebstöckelblätter
Salz, Pfeffer
2 EL Cognac
¾ dl Madeira
*300 g gebratenes Wildfleisch ohne
Knochen, Sehnen, Haut und Fett,
in 1 cm große Würfel geschnitten*
2 EL Crème fraîche

Spitzmorcheln in lauwarmem Wasser
einweichen. Pasteten herstellen und
backen, wie auf Seite 71/72 beschrieben. Zutaten für die Füllung vorbereiten. Morcheln abgießen, ausdrücken,
in Stücke schneiden.
Die Butter in einer Kasserolle erhitzen, Speck, Zwiebel und Suppenkraut
darin braun anbraten, Champignons
und Petersilie zugeben, kurz mitbraten, Mehl darüberstäuben, Tomatenmark unterrühren. Mit der Fleischbrühe aufgießen, Rotwein, Thymian,
Lorbeer und Liebstöckel zufügen und
30 Minuten leicht kochen lassen. Lorbeer entfernen, alles durch ein feines
Sieb passieren, dabei das Gemüse gut
ausdrücken. In die Kasserolle zurückgeben, dick einkochen, mit Salz und
Pfeffer abschmecken, Cognac und
Morcheln zugeben, aufkochen. Madeira und Fleisch untermischen, die
Crème fraîche unterziehen, zugedeckt
ziehen lassen. In die heißen Pasteten
füllen.

Füllpasteten mit Gemüse

Pastete mit Avocadomus und Krabben   Foto Seite 87

*300 g Quarkblätterteig (Seite 15) oder
Tiefkühlblätterteig oder 8–10 fertige
Pastetchen*

*Füllung
3 reife Avocados
3 EL Zitronensaft
150 g Crème fraîche
1 EL Butter
1 mittelgroße Zwiebel, fein gehackt
150 g Krabben, gekocht und geschält
6 Tomaten, gebrüht, geschält, gehackt
Dill, gehackt, Salz, Cayennepfeffer
5 TL roter Kaviar*

Pasteten herstellen und backen, wie
auf Seite 71/72 beschrieben. Zutaten
für die Füllung vorbereiten.
Avocados halbieren, Kern entfernen,
Fleisch aus der Schale lösen, in eine
Porzellanschüssel geben, zerdrücken
oder pürieren und mit dem Zitronensaft und Crème fraîche vermischen.
1 EL Butter in der Kasserolle zergehen lassen, die Zwiebel glasig dünsten, Krabben und Tomaten zugeben,
5 Minuten mitdünsten, unter das Avocadomus ziehen, mit Dill, Salz und
Cayenne abschmecken. In die heißen
Pasteten füllen, 1 Klacks roten Kaviar
daraufgeben.

Pastete mit Avocadomus
und Krabben, Rezept Seite 86

Pastete mit Kalbsnierenragout,
Rezept Seite 80

Pastete mit Kalbsragout,
Rezept Seite 78

Pastete mit Erbsenpüree

300 g Quarkblätterteig (Seite 15) oder
Tiefkühlblätterteig oder 8–10 fertige
Pastetchen

Füllung
400 g grüne Erbsen, ausgeschält
1 Zwiebel, geschält und fein
gehackt
½ TL Zucker
1 dl Fleischbrühe (auch Instantbrühe)
2 EL Petersilienblätter, fein
gehackt
200 g roher, geräucherter, magerer
Schinken, in ½ cm große Würfel
geschnitten
3 EL Butter
3 EL Crème fraîche
Salz, Pfeffer
1 EL Butter
1 kleiner Fenchel, Stiele und feines
Grün abgeschnitten, Wurzelansatz und
die 2 äußeren Blätter entfernt, in 1 cm
große Würfel geschnitten
Fenchelgrün, fein gehackt

Pasteten herstellen und backen, wie
auf Seite 71/72 beschrieben. Zutaten
für die Füllung vorbereiten.
Erbsen zusammen mit Zwiebel, Zuk-
ker und Fleischbrühe zum Kochen
bringen und 20 Minuten leicht köcheln lassen. Durch die Gemüsemühle
passieren oder durch ein Haarsieb
streichen. Zurück in den Topf geben,
erhitzen, Petersilie und Schinken untermischen, eventuell unter Rühren
noch etwas trockener werden lassen.
Butter und Crème fraîche unterrühren, mit Salz und Pfeffer abschmekken. Zugedeckt beiseite stellen.
1 EL Butter in einer Kasserolle zergehen lassen, Fenchelwürfel zugeben
und 15 Minuten zugedeckt fast weich
dünsten. Unter das Püree mischen.
Die Pasteten füllen, mit Fenchelgrün
bestreuen.

Pastete mit Frühlingsgemüse

300 g Quarkblätterteig (Seite 15) oder
Blätterteig (Seite 14) oder Tiefkühlblät-
terteig oder 8–10 fertige Pastetchen

Füllung
2 EL Butter
1 kleiner Kohlrabi, geschält, in
1 cm große Würfel geschnitten
100 g Karotten, geschält, in ½ cm große
Würfel geschnitten
10 junge Zwiebeln oder 1 große
Zwiebel, geschält, gewürfelt
2½ dl Hühnerbrühe (Instant)
100 g feine grüne Erbsen, ausgeschält
(oder Konserve)
100 g Spargel, geschält, holzige Enden
entfernt (oder Konserve), in 1 cm
große Stücke geschnitten
2 EL Butter
125 g roher Schinken, mager, in
½ cm große Würfel geschnitten
100 g Champignons, geputzt,
gewaschen, blättrig geschnitten
(oder Konserve)
1 ganzes Sellerieblatt, das Grüne
abtrennen und grob hacken
2 EL Mehl
1½ dl süße Sahne
1 EL Kapern
1 EL Petersilienblätter, fein gehackt
1 EL Estragonblätter, fein gehackt
1 EL Kerbelblätter, fein gehackt
2 EL Zitronensaft
Salz, Pfeffer
1 Eigelb

Pasteten herstellen und backen, wie
auf Seite 71/72 beschrieben. Zutaten
für die Füllung vorbereiten.
Die Butter in der Kasserolle erhitzen,
Kohlrabi, Karotten und Zwiebeln
3 Minuten rundherum andünsten, mit
der Hühnerbrühe auffüllen, auf kleiner Flamme 8 Minuten zugedeckt
dünsten. Jetzt Erbsen und Spargel zugeben (wenn man sie nicht aus der

Konserve nimmt), umrühren und weitere 10 Minuten zugedeckt weich dünsten. Vom Feuer nehmen, auf ein Sieb gießen, dabei die Flüssigkeit auffangen. Gemüse beiseite stellen.
2 EL Butter in der Kasserolle erhitzen, Schinken, Champignons und Sellerieblatt 2 Minuten schmoren, Mehl darüberstäuben, unter Rühren 1 Minute anschwitzen, mit der Gemüsebrühe auffüllen und dick einkochen, jetzt die Sahne unterrühren und reduzieren, bis sie dick-sämig ist. Das Gemüse, Kapern, Petersilie, Estragon, Kerbel und Zitronensaft unterziehen, erhitzen, mit Salz und Pfeffer abschmecken. Vom Feuer nehmen, Eigelb unterziehen. 10 Minuten zugedeckt ziehen lassen, es darf nicht mehr kochen! In die heißen Pasteten füllen.

Pastete mit Pilzen

300 g Quarkblätterteig (Seite 15) oder Tiefkühlblätterteig oder 8–10 fertige Pastetchen

Füllung
3 EL Butter
1 große Zwiebel, geschält, fein gehackt
500 g gemischte Pilze, geputzt, rasch gewaschen und abgetrocknet
3 EL Zitronensaft
1 TL Mehl, mit 1 TL Butter verknetet
¼ l süße Sahne
3 EL Petersilie, gehackt
Salz, Pfeffer, Cayennepfeffer

Pasteten herstellen und backen, wie auf Seite 71/72 beschrieben. Zutaten für die Füllung vorbereiten.
Die Butter in der Pfanne zergehen lassen, Zwiebel darin glasig dünsten, Pilze zugeben, durchrühren, Zitronensaft untermischen und 15 Minuten auf

kleiner Hitze dünsten. Mehlbutter unterrühren, Sahne zuschütten, Petersilie darüberstreuen und dickflüssig einkochen. Mit Salz, Pfeffer und Cayenne abschmecken. In die heißen Pasteten füllen.

Pastete mit Rührei und Tomatensauce

300 g Quarkblätterteig (Seite 15) oder Tiefkühlblätterteig oder 8–10 fertige Pastetchen
Füllung
1 EL Butter
1 kleine Zwiebel, geschält, fein gehackt
8 Tomaten, gebrüht, geschält, gehackt
1 EL Petersilienblätter, fein gehackt
Salz, Pfeffer, Cayennepfeffer
¼ TL Zucker
¼ TL Currypulver

2 EL Butter
8 TL Schinken, roh geräuchert, in ½ cm große Würfel geschnitten
2 Paprika, rot, süß, in sehr feine Streifen geschnitten
8 Eier, geschlagen mit Salz, Pfeffer und 8 TL süßer Sahne
2 TL Butter

Pasteten herstellen und backen, wie auf Seite 71/72 beschrieben. Zutaten für die Füllung vorbereiten.
Die Butter in einer Kasserolle zergehen lassen und die Zwiebel auf kleiner Flamme darin glasig dünsten, Tomaten zugeben und dickflüssig einkochen. Petersilie unterrühren und mit Salz, Pfeffer, Cayenne, Zucker und Curry würzig abschmecken. Zugedeckt warm stellen.
Inzwischen 2 EL Butter in der Pfanne erhitzen, Schinken und Paprika darin andünsten. Eier-Sahne-Mischung zuschütten und auf kleiner Flamme un-

ter vorsichtigem Rühren stocken lassen. Sie sollen noch etwas feucht sein.

Die fertigen Pasteten mit dem Rührei füllen, einen kleinen Klecks Butter und 1 EL Tomatensauce daraufgeben.

Pastete mit Selleriemus

300 g Quarkblätterteig (Seite 15) oder Tiefkühlblätterteig oder 8–10 fertige Pastetchen

Füllung
1 Hähnchenbrust, gehäutet, vom Knochen gelöst, in 1½ cm große Würfel geschnitten
2 EL Butter
2 große Sellerieknollen, geschält, in Scheiben geschnitten
junge Sellerieblätter, wenn vorhanden, gewaschen, grob gehackt
1 mittelgroße Kartoffel, geschält, in Scheiben geschnitten
1 TL Ingwer, gehackt
2 EL Zitronensaft
½ TL Salz
2 dl Fleischbrühe
1 EL Butter
1 mittelgroße Zwiebel, geschält, halbiert
1 mittelgroße Karotte, geschält, gewaschen, halbiert
4 Stengel Petersilie
1 dl Weißwein
1 dl Geflügelbrühe (auch Instantbrühe)
1 Lorbeerblatt
2 Thymianzweige
2 EL Butter
1 dl Crème fraîche
1 TL Ingwer, fein gerieben
1 EL Petersilie, fein gehackt
2 EL Walnüsse, gehackt
1 Eigelb
Pfeffer
1 Messerspitze Muskat

Pasteten herstellen und backen, wie auf Seite 71/72 beschrieben. Zutaten für die Füllung vorbereiten.

2 EL Butter erhitzen, Sellerie- und Kartoffelscheiben und den gehackten Ingwer andünsten, Zitronensaft, Sellerieblätter und Salz zugeben, mit Fleischbrühe auffüllen und zugedeckt weich dünsten. 4 EL Sellerie klein würfeln, beiseite stellen. Den Rest des Gemüses durch die feinste Scheibe der Gemüsemühle passieren.

Inzwischen 1 EL Butter in der Pfanne erhitzen, die Hähnchenwürfel schnell von allen Seiten goldbraun anbraten, Zwiebel, Karotte und Petersilie zugeben und kurz mitbraten, mit dem Weißwein ablöschen und den Bodensatz losschaben. Geflügelbrühe zugießen, Lorbeer und Thymian beifügen und zugedeckt auf kleiner Flamme ¼ Stunde schmoren.

Den passierten Sellerie in eine kleine Kasserolle geben und eventuell noch etwas trocken dünsten, dabei gut rühren. 2 EL Butter unterziehen, ebenso die Selleriewürfel, die Crème fraîche und den geriebenen Ingwer.

Hähnchen aus der Kasserolle nehmen, zu dem Mus geben, Thymian und Lorbeerblatt fortwerfen. Die Sauce und das Gemüse durch ein feines Haarsieb drücken und dick einkochen, unter das Mus ziehen. Petersilie, Nüsse und Eigelb unterrühren, mit Salz, Pfeffer und Muskat abschmecken. Füllung in die heißen Pasteten geben.

Pastete mit Spargelfrikassee

300 g Quarkblätterteig (Seite 15) oder
Tiefkühlblätterteig oder 8–10 fertige
Pastetchen

Füllung
2 EL Butter
2 Schalotten, geschält und fein gehackt
125 g Karotten, geputzt, gewaschen, in
1 cm große Würfel geschnitten
1½ dl Fleischbrühe (auch Instantbrühe)
1 Messerspitze Zucker
125 g Schinken, geräuchert, mager,
in ½ cm große Würfel geschnitten
2 EL Butter
2 gestrichene EL Mehl
1 dl süße Sahne
200 g Spargel aus der Konserve,
in 1½ cm lange Stücke geschnitten
125 g Erbsen, extra fein, aus der
Konserve
2 EL Petersilienblätter, fein gehackt
1 EL Zitronensaft
Salz, Pfeffer
1 Eigelb

Pasteten herstellen und backen, wie
auf Seite 71/72 beschrieben. Zutaten
für die Füllung vorbereiten.
Die Butter in der Kasserolle erhitzen,
Schalotten zugeben, andünsten, Karotten zugeben, 5 Minuten zugedeckt
auf kleiner Flamme dünsten. Mit der
Fleischbrühe aufgießen, Zucker zugeben und 10 Minuten zugedeckt dünsten. Jetzt noch den Schinken untermischen und weitere 5 Minuten zugedeckt köcheln lassen. Die Karotten
sollen noch ein wenig Biß haben. Das
Gemüse auf ein Haarsieb gießen und
die Brühe auffangen.
2 EL Butter in der Kasserolle erhitzen, unter Rühren das Mehl darin hell
anschwitzen, mit der Gemüsebrühe
aufgießen, einkochen, Sahne zuschütten und sämig einkochen lassen. Spargel, Karotten und Schinken, Erbsen,

Petersilie, Zitronensaft unterziehen,
mit Salz und Pfeffer abschmecken, erhitzen. Vom Feuer nehmen, das Eigelb einrühren und zugedeckt
5–10 Minuten ziehen lassen. In die
heißen Pasteten füllen.

Pastete mit Spinat und Zunge

300 g Quarkblätterteig (Seite 15) oder
Blätterteig (Seite 14) oder Tiefkühlblät-
terteig oder 8–10 fertige Pastetchen

Füllung
1 kg Spinat
¼ TL Salz
3 EL Butter
1 Messerspitze Pfeffer
1 Prise Muskat
1 Prise Zucker
2 EL Butter
1 Zehe Knoblauch, geschält, fein
gehackt
6 Sardellenfilets, 1 Stunde gewässert,
entgrätet, gehackt
200 g gepökelte Zunge, Außenhaut
abziehen, in ½ cm große Würfel
geschnitten
150 g Champignons, geputzt,
gewaschen, blättrig geschnitten
(oder aus der Konserve)
Pfeffer, Salz
2 EL Butter
2 EL Mehl
1 dl Kalbsbrühe (auch Instantbrühe)
1 dl Sahne
1 EL Kapern, gehackt
2 Eigelb

Pasteten herstellen und backen, wie
auf Seite 71/72 beschrieben. Zutaten
für die Füllung vorbereiten.
Spinat verlesen, große Rippen und
Stiele entfernen, sehr gut waschen. In
einem Topf wenig Wasser mit Salz
zum Kochen bringen, Spinat eintauchen und etwa 7 Minuten weich ko-

chen. Auf ein Sieb schütten, mit kaltem Wasser abschrecken, gut abtropfen lassen und fest ausdrücken. Grob hacken. Die Butter in einer Kasserolle zergehen lassen, Spinat darunterrühren, mit Pfeffer, Muskat und Zucker abschmecken. Zugedeckt beiseite stellen.

2 EL Butter in der Kasserolle erhitzen, Knoblauch und Sardellenfilets darin anschwitzen, Zungenwürfel und Champignons unterrühren und 10 Minuten auf kleiner Flamme zugedeckt dünsten. Mit Pfeffer und Salz abschmecken. Zugedeckt warm stellen. 2 EL Butter erhitzen, Mehl unterrühren und eine helle Mehlschwitze bereiten. Kalbsbrühe unterschlagen, einkochen, die Sahne aufgießen und sämig einkochen. Kapern und Spinat unterrühren sowie die Zungen-Champignonmischung. Nochmals abschmecken. Erhitzen, vom Feuer nehmen, Eigelb unterrühren. In die heißen Pasteten füllen.

Pastete mit Zucchini und Geflügelleber

300 g Quarkblätterteig (Seite 15) oder Tiefkühlblätterteig oder 8–10 fertige Pastetchen

Füllung
2 EL Olivenöl
2 EL Butter
½ Zwiebel, geschält, fein gehackt
250 g Zucchini, gewaschen, große Früchte geschält, in 1 cm große Würfel geschnitten
1 dl Kalbsbrühe
2 Thymianzweige
2 Tomaten, überbrüht, geschält, gehackt
1 EL Petersilienblätter, gewaschen, fein gehackt
1 EL Dillkraut, fein gehackt

1 EL Basilikumblätter, fein gehackt
100 g feine Erbsen, geschält, gekocht (aus der Konserve)
4 EL Crème fraîche
Salz, Pfeffer
150 g Geflügelleber, sorgfältig von grünen Stellen und Sehnen befreit und in 1 cm große Würfel geschnitten
½ EL Mehl
2 EL Butter
½ Zwiebel, geschält, fein gehackt
1 Zehe Knoblauch, geschält, fein gehackt
2 EL Cognac
Saft von 1 Orange
Schale von 1 Orange, fein abgerieben

Pasteten herstellen und backen, wie auf Seite 71/72 beschrieben. Zutaten für die Füllung vorbereiten. Öl und Butter erhitzen, die Zwiebel leicht anrösten. Die Zucchiniwürfel zugeben und von allen Seiten 3 Minuten unter Wenden hell anbraten. Mit Kalbsbrühe auffüllen, Thymian zugeben und auf kleiner Flamme zugedeckt 15 Minuten fast gar dünsten. Die Flüssigkeit soll eingekocht sein. Tomaten zugeben, 5 Minuten im offenen Topf weiterdünsten. Thymian herausnehmen. Petersilie, Dill, Basilikum und Erbsen untermischen, einmal aufkochen lassen, vom Feuer nehmen. Crème fraîche unterziehen, mit Salz und Pfeffer abschmecken. Zugedeckt beiseite stellen. Leber ganz dünn in Mehl wälzen. 2 EL Butter in der Pfanne erhitzen, Zwiebel und Knoblauch rundherum goldgelb anbraten, die Leber zugeben, schnell von allen Seiten darin hellbraun anbraten. Mit Cognac ablöschen, Orangensaft und -schale zugeben, herunterschalten, Bratsatz losschaben, dick einkochen. Vom Herd nehmen, mit Pfeffer und Salz abschmecken, unter die Zucchini mischen. In die heißen Pasteten füllen.

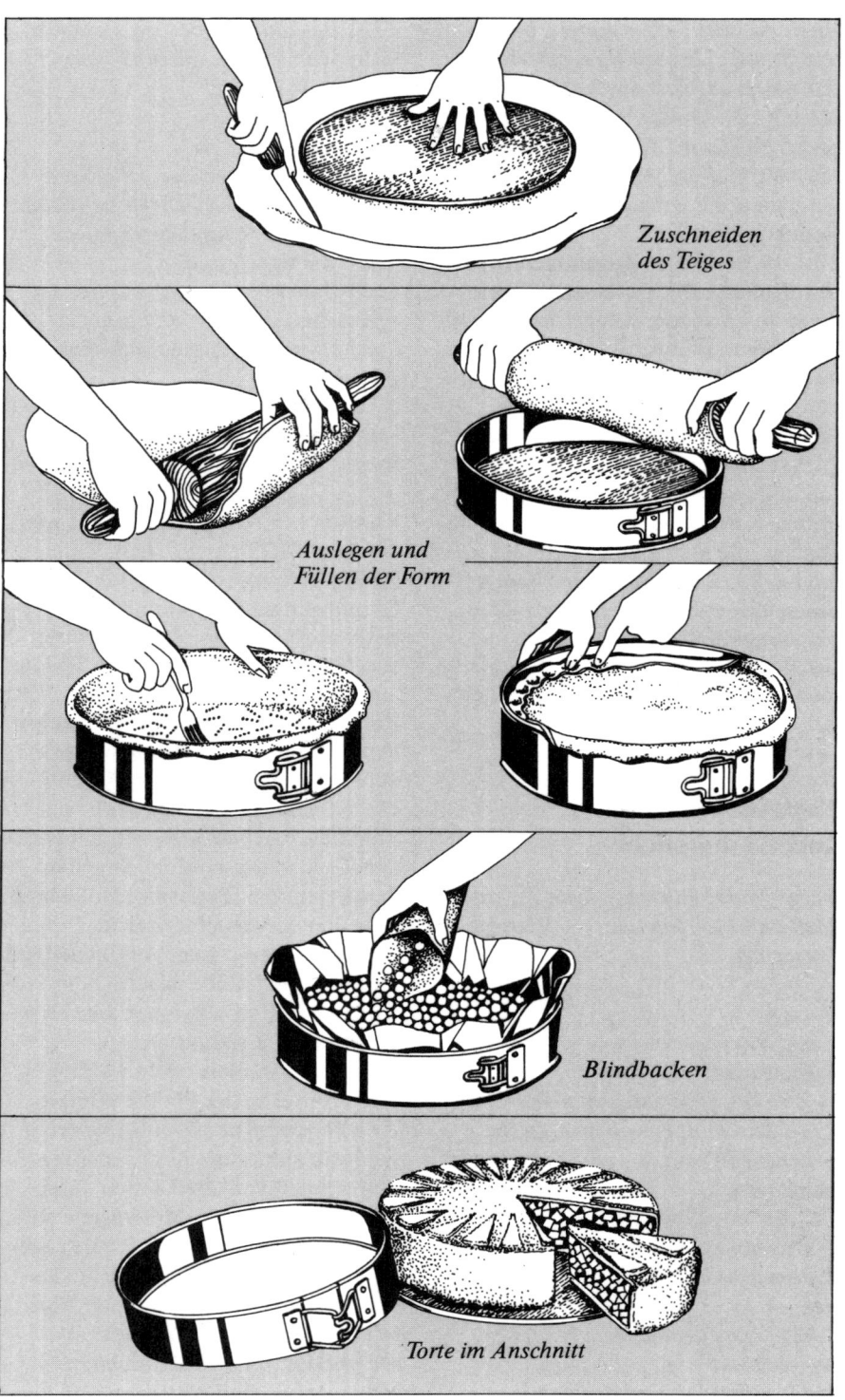

Zuschneiden des Teiges

Auslegen und Füllen der Form

Blindbacken

Torte im Anschnitt

94

Pikante Torten

Allgemeine Grund-
beschreibung

Die Zutaten sind für eine Form mit
Durchmesser von 24–26 cm berechnet.
Geeignet ist entweder eine Spring-
form oder eine niedrige, feuerfeste
Form, die mit Öl oder Butter einge-
fettet und mit Mürbe-, Hefe- oder
Blätterteig ausgefüttert wird.

Auslegen der Form

⅔ des Teigs formt man zu einer Kugel, rollt ihn auf der leicht bemehlten
Arbeitsplatte mit der leicht bemehlten
Kuchenrolle gleichmäßig etwa ½ cm
dick aus und radelt einen Kreis aus,
der etwa 4–5 cm größer ist als die
Backform. Man legt die Teigplatte
über die Rolle, rollt ihn über der
Form wieder ab, drückt den Teig
leicht an Boden und Wand fest und
sticht den Boden mehrmals mit der
Gabel ein. Die Teigränder hängen
über den Formrand hinaus. Wenn die
Füllung z. B. aus sehr feuchtem Gemüse besteht, sollte der Boden noch
mit im Ofen angerösteten Semmelbrö-
seln bestreut werden. Anschließend
wird die Füllung eingefüllt.

Blindbacken
Man kann den Tortenboden auch kurz
vorbacken, ohne Inhalt, so daß er etwas fest ist, aber noch keine Farbe an-
genommen hat. In diesem Fall kleidet
man die mit Teig ausgelegte Form mit
Seidenpapier, Backtrennpapier oder
Alufolie aus, füllt sie mit Trockenerb-
sen oder -bohnen und bäckt den Teig
bei 220 Grad 10 Minuten vor. Die
Form wird dann aus dem Ofen geholt,
Hülsenfrüchte und Papier entfernt
(die Hülsenfrüchte kann man natürlich wieder verwenden).

Füllen der Torte

Die vorbereitete und abgekühlte
Füllung wird gleichmäßig auf dem
Tortenboden verteilt und die Sahne-
Eier-Mischung gleichmäßig darüber-
gegossen.

Schließen der Torte

Das restliche ⅓ des Teigs wird auch zu
einer Kugel geformt, wie vorher ausgerollt und so groß ausgeradelt, daß
sich ein Deckel ergibt. Man legt ihn
auf die Füllung, klappt den unteren
Teig darüber und drückt ihn mit den
Fingern zusammen. Aus den Resten
schneidet man Verzierungen und legt

sie auf den Deckel, den man nun mit verquirltem Eigelb einpinselt. Man kann in die Mitte ein Loch als Dampfabzug schneiden, wenn man die Torte trockener haben möchte.
Hefe- oder Blätterteigtorte: Vor dem Backen 15 Minuten ruhen lassen.

Backen

Der Backofen wird auf 220 Grad vorgeheizt, die Torte dann 30–35 Minuten goldbraun gebacken.

Rezepte

Artischockentorte

500 g Mürbeteig (Seite 14), kühl stellen
1 Eigelb, geschlagen, zum Bestreichen

Füllung
2 EL Butter
2 Zwiebeln, geschält, gehackt
200 g roher, geräucherter, magerer Schinken, in ½ cm große Würfel geschnitten
200 g Champignons, geputzt, gewaschen, abgetrocknet, in Scheiben geschnitten
2 EL Estragonblätter, fein gehackt
2 EL Petersilienblätter, fein gehackt
ca. 1 TL Salz
ca. ¼ TL Pfeffer
750 g Artischockenherzen aus der Konserve, gut abgetropft, in dicke Scheiben geschnitten
6 Tomaten, überbrüht, geschält, in Scheiben geschnitten
5 Eier, mit 1½ dl süßer Sahne gut verschlagen

Zutaten für die Füllung vorbereiten. Die Form auslegen, wie auf Seite 95 beschrieben.

Butter in der Pfanne erhitzen, die Zwiebeln hineingeben und unter Rühren hellgelb anbraten, herunterschalten. Schinken daruntermischen und 2 Minuten mitdünsten. Beiseite stellen. Estragon, Petersilie untermischen und würzig mit Salz und Pfeffer abschmecken.
Füllen und Schließen der Torte, wie auf Seite 95 beschrieben. Zutaten in folgender Reihenfolge gleichmäßig einschichten:
▷ Artischockenherzen,
▷ Schinkenmischung,
▷ die rohen Champignons,
▷ Tomaten,
▷ Eier-Sahne-Mischung.
Backzeit: 35 Minuten bei 220 Grad.

Frühlingstorte

400 g Quarkblätterteig (Seite 15) oder
400 g Blätterteig (Seite 14), kühl stellen, oder Tiefkühlblätterteig
1 Eigelb, mit 1 TL Wasser verschlagen, zum Bestreichen

Füllung
150 g frischer Schafskäse, zerbröckelt
200 g Sahnequark
300 g grüne Salatherzen, gehackt
300 g Sauerampfer, Stiele entfernt, gewaschen, gehackt
300 g Mangoldblätter, gewaschen, ohne Rippen, gehackt
300 g Spinat, verlesen, gewaschen, Stiele entfernt, gehackt
100 g Kerbel, große Stiele entfernt, gewaschen, gehackt
3 EL Petersilienblätter, gehackt
3 Bund Dill, gewaschen, große Stiele entfernt, gehackt
4 Eigelb
½ TL Ingwer, geschält, fein gehackt
ca. ¾ TL Salz
ca. ¼ TL Pfeffer
4 Eiweiß, fest geschlagen

Zutaten für die Füllung vorbereiten.
Die Form auslegen, wie auf Seite 95
beschrieben.
Alle Zutaten, außer dem Eiweiß, gut
vermischen, dann das Eiweiß sorgfältig unterziehen.
Füllen und Schließen der Torte, wie
auf Seite 95 beschrieben.
Backzeit: 35 Minuten bei 220 Grad.

Lauchtorte   Foto Seite 33

400 g Blätterteig (Seite 14) oder
400 g Quarkblätterteig (Seite 15),
kühl stellen, oder Tiefkühlblätterteig
1 Eigelb, mit 1 TL Wasser verschlagen,
zum Bestreichen
3 EL Pistazien, geschält, fein gehackt,
zum Bestreuen

Füllung
3 EL Butter
250 g geräucherter Schinken, in ½ cm
große Würfel geschnitten
½ TL Ingwer, fein gehackt
750 g Porree, das dunkle Grün und
Wurzel entfernt, längs halbiert und gut
gewaschen, in ½ cm breite Querstreifen
geschnitten
1½ TL Curry
2 El Rosinen
1 TL Salz
¼ TL Pfeffer
1 TL Zucker
4 EL Walnüsse, gehackt
3 EL Petersilie
30 g Semmelbrösel, im Backofen
geröstet
3 Eier, mit 1½ dl süßer Sahne
verschlagen

Zutaten für die Füllung vorbereiten.
Die Form auslegen, wie auf Seite 95
beschrieben.
Butter in einem Topf erhitzen, Schinken und Ingwer schnell von allen Seiten darin andünsten. Porree und ½

Tasse Wasser zugeben und 10 Minuten zugedeckt fast gar dünsten. Curry
darüberstreuen, Rosinen zugeben,
verrühren. Vom Feuer nehmen, mit
Salz, Pfeffer und Zucker abschmekken, Walnüsse und Petersilie untermischen.
Füllen und Schließen der Torte, wie
auf Seite 95 beschrieben. Die Zutaten
in folgender Reihenfolge einschichten:
> Semmelbrösel,
> Lauchmischung,
> Eier-Sahne-Mischung.
Backzeit: 30 Minuten bei 225 Grad.
Mit den gehackten Pistazien bestreuen.

Pfifferlingtorte

500 g Mürbeteig (Seite 14), kühl stellen
1 Eigelb, leicht geschlagen, zum
Bestreichen

Füllung
2 EL Butter
1 Zwiebel, geschält, fein gehackt
1 Zehe Knoblauch, geschält, fein
gehackt
125 g geräucherter, durchwachsener
Speck, in ½ cm große Würfel
geschnitten
2 rote Paprikaschoten, gewaschen,
halbiert, Stiel und Kerne entfernt, in
schmale Streifen geschnitten
500 g Pfifferlinge, gewaschen, geputzt,
die großen geteilt
3 Tomaten, überbrüht, gehäutet,
gehackt
4 EL Petersilienblätter, fein gehackt
2 EL Zitronensaft
½ TL Paprikapulver, süß
1 dl Sahne, 2 Eier
Salz, Pfeffer

Zutaten für die Füllung vorbereiten.
Die Form auslegen, wie auf Seite 95
beschrieben.

Butter in der Kasserolle erhitzen, Zwiebel, Knoblauch, Speck darin hellbraun anbraten. Paprikastreifen unterrühren, Pfifferlinge zugeben und zugedeckt 10 Minuten weich dünsten. Vom Feuer nehmen, Tomaten, Petersilie, Zitronensaft und Paprika untermischen. Sahne und Eier miteinander verschlagen, unter die Pilzmischung ziehen, mit Salz und Pfeffer abschmecken.

Füllen und Schließen der Torte, wie auf Seite 95 beschrieben.
Backzeit: 30 Minuten bei 220 Grad.

Sauerkrauttorte

400 g Mürbeteig (Seite 14), kühl stellen
1 Eigelb, mit 1 TL Wasser verschlagen,
zum Bestreichen

Füllung
2 EL Schweineschmalz
150 g geräucherter, durchwachsener
Speck, in ½ cm große Würfel
geschnitten
1 Zwiebel, geschält, fein gehackt
1 große Karotte, geschält, gewaschen,
in feine Scheiben geschnitten
700 g Sauerkraut
3 dl Weißwein
Salz, Pfeffer
1 TL Zucker
1 Tasse saure Sahne, mit 2 Eiern
verschlagen
3 Frankfurter Würstchen, in dicke
Scheiben geschnitten
2 Kasseler Rippen, vom Knochen und
Fett gelöst, in dünne Streifen
geschnitten

Zutaten für die Füllung vorbereiten. Die Form auslegen, wie auf Seite 95 beschrieben.
Schweineschmalz in einem Topf erhitzen, Speck, Zwiebel und Karotte zugeben, goldgelb anbraten. Sauerkraut

hinzuschütten, mit Weißwein auffüllen, zugedeckt 30 Minuten weich dünsten. Mit Salz, Pfeffer und Zucker abschmecken. Sahne-Eier-Mischung unter das Kraut ziehen.
Füllen und Schließen der Torte, wie auf Seite 95 beschrieben. Die Zutaten in folgender Reihenfolge in die Torte füllen:
▷ Sauerkraut,
▷ Würstchen,
▷ Kasseler.
Backzeit: 35 Minuten bei 220 Grad.

Spargeltorte

400 g Mürbeteig (Seite 14), kühl stellen
1 Eigelb, mit 1 TL kaltem Wasser
verschlagen, zum Bestreichen

Füllung
2 EL Butter
1 Zwiebel, geschält, fein gehackt
2 Karotten, geschält, gewaschen, in
feine Scheiben geschnitten
8 Spitzmorcheln, gut gewaschen,
½ Stunde in lauwarmem Wasser
eingeweicht, abgetrocknet, in Stücke
geschnitten
150 g durchwachsener,
geräucherter Speck, in ½ cm große
Würfel geschnitten
300 g grüner Spargel
300 g weißer Spargel
1 EL Zitronensaft
½ EL Butter
¼ TL Salz
⅛ TL Pfeffer
40 g Semmelbrösel, im Ofen
geröstet
100 g feine Erbsen, gekocht
(Konserve)
50 g Parmesan, gerieben
3 EL Petersilienblätter, gewaschen,
fein gehackt
3 Eier, mit 1½ dl süßer Sahne
verschlagen

Zutaten für die Füllung vorbereiten.
Die Form auslegen, wie auf Seite 95
beschrieben.
Butter in der Kasserolle erhitzen,
Zwiebel, Karotten, Morcheln und
Speck hineingeben und unter gelegentlichem Rühren bei kleiner Hitze
zugedeckt dünsten, bis die Karotten
fast weich sind. Vom Feuer nehmen.
Die grünen Spargel am unteren Ende
schälen und das holzige Ende abschneiden. Die weißen Spargel, unter
dem Kopf beginnend, zum Fuß hin
dicker schälen, holzigen Fuß auch abschneiden.
In einem Topf wenig Wasser und Zitronensaft, Butter und Salz zum Kochen bringen, Spargel einlegen, auf
kleiner Flamme 15 Minuten weich kochen. Abgießen, gut abtropfen lassen,
in 2 cm lange Stücke schneiden. Beiseite stellen.
Füllen und Schließen der Torte, wie
auf Seite 95 beschrieben. Die Zutaten
in folgender Reihenfolge einschichten:
▷ Semmelbrösel,
▷ Spargel,
▷ Erbsen,
▷ Zwiebel-Speck-Mischung,
▷ Parmesan,
▷ Petersilie,
▷ Salz,
▷ Pfeffer,
▷ Eier-Sahne-Mischung.
Backzeit: 30 Minuten bei 220 Grad.

Spinattorte

500 g Blätterteig (Seite 14), kühl stellen
1 Eigelb, verschlagen, zum Bestreichen

Füllung
1 kg Spinat, verlesen, gewaschen,
abgetropft
2 EL Olivenöl
1 große Zwiebel, geschält,
gehackt
1 Knoblauchzehe, geschält, gehackt
12 Sardellenfilets, ½ Stunde gewässert,
ausgedrückt, fein gehackt
Salz, Pfeffer
1 Messerspitze Muskat
1 EL Zitronensaft
400 g Champignons, gewaschen,
geputzt, abgetrocknet, grob
gehackt
200 g frischer Schafskäse,
zerbröckelt
1 EL Estragonblätter, fein
gehackt
3 harte Eier

Zutaten für die Füllung vorbereiten.
Die Form auslegen, wie auf Seite 95
beschrieben.
Spinat in einen Topf geben, erhitzen
und zusammenfallen lassen. Auf ein
Sieb schütten, kalt abschrecken, ausdrücken und grob hacken. Zugedeckt
beiseite stellen.
Öl in der Pfanne erhitzen, Zwiebel
und Knoblauch bei nicht zu starker
Hitze glasig dünsten, Sardellen unterrühren, Spinat zugeben, miteinander
vermischen, mit Salz, Pfeffer, Muskat
und Zitronensaft abschmecken (wenig
Salz, da Sardellen und Käse salzig
sind). Nun Champignons, Käse und
Estragon untermischen.
Füllen und Schließen der Torte, wie
auf Seite 95 beschrieben. Nach Geschmack kann man in die Mitte der
Füllung 3 harte Eier verteilen.
Backzeit: 35 Minuten bei 220 Grad.

Zwiebeltorte

400 g Hefeteig (Seite 15), warm stellen
1 Eigelb, leicht geschlagen, zum
Bestreichen

Füllung
3 EL Olivenöl
1 kg Zwiebeln, geschält, in feine
Scheiben geschnitten
2 grüne Paprikaschoten, gewaschen,
halbiert, von Stiel, den weißen
Zwischenwänden und Kernen befreit,
in schmale Streifen geschnitten
100 g Sardellen, gewässert,
gehackt
125 g schwarze Oliven, entkernt, in
Scheiben geschnitten
1 EL Petersilienblätter, gewaschen,
gehackt
Salz
Pfeffer
4 Tomaten, überbrüht, geschält,
in Scheiben geschnitten
2 Messerspitzen Cayennepfeffer,
Chilipüree oder Tabasco
1 dl süße Sahne und 2 Eier,
miteinander verschlagen

Zutaten für die Füllung vorbereiten.
Die Form auslegen, wie auf Seite 95
beschrieben.
Öl in der Pfanne erhitzen, Zwiebeln
und Paprika darin bei niedriger Hitze
unter gelegentlichem Rühren, damit
sie nicht zu braun werden, 20 Minuten
weich dünsten. Beiseite stellen, Sardellen, Oliven und Petersilie untermischen, mit Salz und Pfeffer abschmecken.
Füllen und Schließen der Torte, wie
auf Seite 95 beschrieben. Die Zutaten
in folgender Reihenfolge einschichten:
▷ Zwiebelmischung,
▷ Tomaten,
▷ Cayennepfeffer,
▷ Sahne-Eier-Mischung.
Backzeit: 30 Minuten bei 220 Grad.

Fischtorte

400 g Hefeteig (Seite 15), warm stellen
1 Eigelb, mit 1 TL Wasser verschlagen,
zum Bestreichen

Füllung
4 EL Öl
2 Zwiebeln, geschält, fein gehackt
1 Zehe Knoblauch, geschält, fein
gehackt
600 g Schellfisch oder Steinbuttfilet,
in Stücke geteilt
½ dl Weißwein
8 Blütennarben Safran
125 g Krabben (Konserve)
150 g Muscheln (Konserve)
4 Tomaten, überbrüht, geschält, grob
gehackt
je 2 EL Dillkraut, Petersilienblätter
und Estragonblätter, fein gehackt
Salz, Pfeffer, Cayennepfeffer
35 g Semmelbrösel, im Backofen
geröstet
3 Eigelb, mit 6 EL Crème fraîche
verschlagen

Zutaten für die Füllung vorbereiten.
Die Form auslegen, wie auf Seite 95
beschrieben.
Öl in einer Kasserolle erhitzen, Zwiebel und Knoblauch schnell von allen
Seiten andünsten, sie sollen nur goldgelb sein. Fischstücke dazulegen und
schnell von allen Seiten fest werden
lassen, mit Weißwein aufgießen, Safran zugeben und 5 Minuten einkochen. Krabben, Muscheln, Tomaten,
Dill, Petersilie, Estragon daruntermischen, mit Salz, Pfeffer und Cayennepfeffer abschmecken.
Füllen und Schließen der Torte, wie
auf Seite 95 beschrieben. Die Zutaten
in folgender Reihenfolge einschichten:
▷ Semmelbrösel,
▷ Fischmischung,
▷ Sahne-Eier-Mischung.
Backzeit: 30 Minuten bei 220 Grad.

Thunfischtorte

400 g Hefeteig (Seite 15), warm stellen
1 Eigelb, mit 1 TL Wasser verschlagen,
zum Bestreichen

Füllung
4 EL Öl
1 Zwiebel, geschält, fein gehackt
1 Zehe Knoblauch, geschält, fein
gehackt
4 Karotten, geschält, gewaschen, in
feine Scheiben geschnitten
6 Tomaten, überbrüht, geschält,
in Scheiben geschnitten
2 TL Thymianblätter
2 EL Petersilienblätter, fein
gehackt
6 TL Kapern, gehackt
7 EL Pfeffergurken, fein
gehackt
Salz, Pfeffer, Cayennepfeffer
600 g Thunfisch (Konserve), in Stücke
zerteilt

Zutaten für die Füllung vorbereiten.
Die Form auslegen, wie auf Seite 95
beschrieben.
Öl in der Pfanne erhitzen, Zwiebel,
Knoblauch und Karotten unter Rühren kurz von allen Seiten anbraten,
Hitze herunterschalten, 3 EL Wasser
zugeben und 10 Minuten fast weich
dünsten. Tomaten, Thymian, Petersilie, Kapern, Pfeffergurken daruntermischen, mit Salz, Pfeffer und
Cayennepfeffer abschmecken. Thunfisch vorsichtig unterziehen
Füllen und Schließen der Torte, wie
auf Seite 95 beschrieben.
Backzeit: 30 Minuten bei 220 Grad.

Garnelentorte

400 g Blätterteig (Seite 14),
kühl stellen, oder Tiefkühlblätterteig
1 Eigelb, mit 1 TL Wasser verschlagen,
zum Bestreichen der Torte

Füllung
2 EL Butter
1 Zwiebel, geschält, fein gehackt
1 Knoblauchzehe, geschält, fein
gehackt
125 g geräucherter Schinken, mager,
in 1/2 cm große Würfel geschnitten
200 g Champignons, geputzt,
gewaschen, die großen 1–2mal geteilt
2 EL Zitronensaft
500 g Garnelen, gekocht, geschält
(tiefgefroren)
125 g Spargel, gekocht, in 2 cm lange
Stücke geschnitten (Konserve)
2 EL Dillkraut, gewaschen, fein
gehackt
2 EL Petersilienblätter, gewaschen,
fein gehackt
1/2 TL Salz
1/8 TL Pfeffer
1 Messerspitze Cayennepfeffer
2 EL Krebsbutter
3 Eier, mit 1,5 dl süßer Sahne
verschlagen

Zutaten für die Füllung vorbereiten.
Die Form auslegen, wie auf Seite 95
beschrieben.
Butter in der Pfanne erhitzen, Zwiebel und Knoblauch darin hellgelb anbraten. Schinken zugeben, schnell
rundum andünsten, Champignons und
Zitronensaft untermischen und 5 Minuten zugedeckt dünsten. Jetzt die
Garnelen, Spargel, Dill und Petersilie
zugeben, mit Salz, Pfeffer und
Cayenne abschmecken, Krebsbutter
unterziehen.
Füllen und Schließen der Torte, wie
auf Seite 95 beschrieben.
Backzeit: 30 Minuten bei 220 Grad.

Hackfleischtorte

*400 g Blätterteig (Seite 14),
kühl stellen, oder Tiefkühlblätterteig
35 g Semmelbrösel, im Backofen
geröstet, zum Ausstreuen
1 Eigelb, mit 1 TL Wasser verschlagen,
zum Bestreichen*

Füllung
*4 EL Butter
2 Zwiebeln, geschält und fein
gehackt
1 Zehe Knoblauch, geschält und
fein gehackt
3 EL Petersilienblätter, gewaschen
und fein gehackt
600 g gemischtes Hackfleisch
4 EL Weißwein
2 EL Kapern, gehackt
3 Eier, mit 1 dl süßer Sahne
verschlagen
Salz, Pfeffer*

Zutaten für die Füllung vorbereiten.
Die Form auslegen, wie auf Seite 95
beschrieben.
Butter in einer Pfanne erhitzen, Zwiebeln und Knoblauch schnell darin
hellbraun anbraten, Petersilie zugeben, kurz mitbraten. Jetzt das Hackfleisch untermischen und unter Wenden rundherum 5 Minuten anbraten.
Mit Weißwein ablöschen, den Bratsatz losschaben, vom Herd nehmen.
Kapern und Eier-Sahne-Mischung unterziehen, mit Salz und Pfeffer abschmecken.
Füllen und Schließen der Torte, wie
auf Seite 95 beschrieben. Die Zutaten
in folgender Reihenfolge einfüllen:
▷ Semmelbrösel,
▷ Hackfleischmischung.
Backzeit: 30 Minuten bei 220 Grad.

Kartoffeltorte mit Rindfleisch

Teig
*1 kg Kartoffeln, gekocht, geschält,
gerieben
200 g Mehl
30 g Butter
½ Tasse Parmesankäse, gerieben
1 Zwiebel, geschält, gerieben
½ TL Salz
⅛ TL Pfeffer
1 Messerspitze Muskat
2 Eier
1 Eigelb, etwas geschlagen, zum
Bestreichen*

Füllung
*2 EL Butter
1 Zwiebel, geschält, gehackt
1 Zehe Knoblauch, geschält, gehackt
300 g Rindfleisch, gehackt (nicht
durchgedreht)
2 EL Petersilienblätter, gehackt
2 EL Majoranblätter, gehackt
100 g feine Erbsen
200 g Champignons, geputzt,
gewaschen, grob gehackt
1 Tasse Crème fraîche
Salz, Pfeffer, Cayennepfeffer
1 TL Worcestersauce*

Für den Teig alle Zutaten gut vermischen und zu einem geschmeidigen
Teig verarbeiten. Notfalls noch etwas
Mehl zugeben. Kühl stellen.
Für die Füllung in einer Pfanne die
Butter erhitzen, Zwiebel und Knoblauch hineingeben und glasig dünsten.
Nun das Rindfleisch hinzugeben und
unter Rühren schnell von allen Seiten
anbraten, Petersilie und Majoran hinzufügen und vom Feuer nehmen. Erbsen, Champignons und Crème fraîche
untermischen und mit Salz, Pfeffer,
Cayennepfeffer und Worcestersauce
würzig abschmecken.
⅔ des Teigs ca. 1 cm dick ausrollen,
Boden und Wände einer Charlotten-

form auskleiden, Füllung hineingeben. Rest des Teigs für den Deckel
ausrollen, auflegen und mit den Seiten
zusammendrücken. Die Torte mit
dem Eigelb bestreichen.
Backzeit: 40 Minuten bei 220 Grad.

Lammtorte

400 g Mürbeteig (Seite 14),
kühl stellen
1 Eigelb, leicht geschlagen, zum
Bestreichen

Füllung
2 EL Öl
400 g Lammbrust oder -schulter
(Gewichtsangabe ohne Knochen)
1 Zwiebel, geschält, fein gehackt
2 Möhren, geschält, in feine Scheiben
geschnitten
1 Zehe Knoblauch, geschält, fein
gehackt
2 dl herber Roséwein
1½ dl Fleischbrühe (Instant)
2 Lorbeerblätter
¼ TL Thymian
2 EL Petersilienblätter, gehackt
1 Messerspitze Zucker
1 Messerspitze Salz
1 Messerspitze Pfeffer
¾ TL Curry
3 Tomaten, überbrüht, geschält,
grob gehackt
300 g grüne Bohnen, Enden
abgebrochen, fast gar gekocht
(oder Konserve)
1 EL Petersilienblätter, fein gehackt
2 EL Minzeblätter, fein gehackt
1 Messerspitze Cayennepfeffer
100 g Crème fraîche

Zutaten für die Füllung vorbereiten.
Die Form auslegen, wie auf Seite 95
beschrieben.
Öl in einer Kasserolle erhitzen.
Fleisch, Zwiebel, Möhren und Knoblauch darin schnell von allen Seiten
anbraten, mit Rosé ablöschen. Den
Bodensatz losschaben, Fleischbrühe,
Lorbeer, Thymian, Petersilie, Zucker,
Salz und Pfeffer zufügen und zugedeckt auf kleiner Flamme 40 Minuten
weich köcheln. Fleisch herausnehmen,
beiseite stellen. Curry in die Sauce
streuen und dick einkochen, Lorbeerblatt entfernen. Fleisch vom Knochen
lösen und in 1 cm große Würfel
schneiden. Mit der Sauce, Tomaten,
Bohnen, Petersilie, Minze, Cayennepfeffer und Crème fraîche vermengen.
Füllen und Schließen der Torte, wie
auf Seite 95 beschrieben.
Backzeit: 30 Minuten bei 220 Grad.

Käsetorte   Titelfoto

400 g Hefeteig (Seite 15), warm stellen
1 Eigelb, leicht geschlagen, zum
Bestreichen

Füllung
200 g Quark
200 g frischer Schafskäse,
zerbröckelt
200 g junger Gouda, gerieben
200 g reifer Camembert, entrindet,
in Stücke geschnitten
2 El Butter
1,5 dl süße Sahne
3 Eier
6 EL Petersilienblätter, fein gehackt
2 EL Estragonblätter, fein gehackt

Zutaten für die Füllung vorbereiten.
Die Form auslegen, wie auf Seite 95
beschrieben.
Quark, Käse, Butter, Sahne und Eier
mit dem Pürierstab zu einer glatten,
cremigen Masse verrühren. Petersilie
und Estragon untermischen.
Füllen und Schließen der Torte, wie
auf Seite 95 beschrieben. 15 Minuten
ruhen lassen vor dem Backen.
Backzeit: 30 Minuten bei 180 Grad.

Mozzarellatorte

400 g Hefeteig (Seite 15), warm stellen
1 Eigelb, mit 1 EL Wasser verschlagen,
zum Bestreichen

Füllung
1 EL Butter
1 große Zwiebel, geschält, fein gehackt
600 g Mozzarella, gut abgetropft, in
dicke Scheiben geschnitten
10 EL Basilikumblätter, grob gehackt
400 g Tomaten, überbrüht, geschält,
in dicke Scheiben geschnitten
Salz, Pfeffer, Cayennepfeffer

Zutaten für die Füllung vorbereiten.
Die Form auslegen, wie auf Seite 95
beschrieben.
Butter in einer Pfanne auf mittlerer
Hitze schmelzen lassen und die Zwie-
beln darin glasig andünsten, ohne daß
sie Farbe annehmen. Beiseite stellen.
Füllen und Schließen der Torte, wie
auf Seite 95 beschrieben. Zutaten in
folgender Reihenfolge hineingeben:
▷ Mozzarella,
▷ Basilikum,
▷ Zwiebel,
▷ Tomaten,
▷ Salz, Pfeffer, Cayennepfeffer.
Backzeit: 40 Minuten bei 220 Grad.

Raviolitorte

400 g Hefeteig (Seite 15), warm stellen
1 Eigelb, mit 1 TL Wasser verschlagen,
zum Bestreichen

Füllung
1 EL Öl
500 g Ravioli oder grüne Tortellini,
ungekocht
2 EL Butter
1 Zwiebel, geschält, fein gehackt
1 Zehe Knoblauch, geschält, fein
gehackt

2 EL Petersilienblätter, gewaschen,
fein gehackt
100 g Champignons, geputzt,
gewaschen, abgetrocknet,
in Stücke geschnitten
½ dl Weißwein
6 Tomaten, überbrüht, geschält,
gehackt
2 EL Basilikumblätter, gehackt
Salz, Pfeffer
200 g gekochter Schinken, gewürfelt
oder in Streifen geschnitten
3 Eier, mit 1½ dl süßer Sahne
verschlagen, mit 50 g Parmesan,
gerieben, vermischt

Zutaten für die Füllung vorbereiten.
Die Form auslegen, wie auf Seite 95
beschrieben.
In einem Topf Wasser und Öl zum
Kochen bringen, Ravioli hineingeben,
wenn sie kochen, auf kleine Hitze herunterschalten und zugedeckt 15 Minuten kochen.
Inzwischen Butter in einer Kasserolle
erhitzen, Zwiebel und Knoblauch darin glasig dünsten, Petersilie, Champignons und Weißwein zugeben und
5 Minuten zugedeckt mitdünsten. Tomaten und Basilikum daruntermischen, mit Salz und Pfeffer abschmecken.
Ravioli abgießen, mit kaltem Wasser
abschrecken und gut abtropfen lassen.
Füllen und Schließen der Torte, wie
auf Seite 95 beschrieben. Die Zutaten
in folgender Reihenfolge in die Torte
füllen:
▷ Ravioli,
▷ Schinken,
▷ Zwiebel-Tomaten-Mischung,
▷ Eier-Sahne-Mischung.
Backzeit: 35 Minuten bei 220 Grad.

Pikante Strudel

Allgemeine Grundbeschreibung

Die Zutaten sind für 6 Personen berechnet. Man bereitet den Strudelteig zu und zieht ihn hauchdünn aus, wie auf Seite 16 beschrieben.

Füllung und Fertigstellung

Der Teig wird dünn mit zerlassener Butter eingepinselt. Rundherum wird ein Rand von ca. 4 cm frei gelassen. Auf ⅔ des Teigs zu einem Ende hin wird die abgekühlte Füllung gleichmäßig verteilt. Von der belegten Seite her hebt man vorsichtig das Tuch hoch und rollt den Teig vollständig ein. Die kurzen Seiten werden 3 cm auf die Seite der offenen Naht eingeschlagen, damit die Füllung nicht herausläuft beim Backen. Man hebt ihn vorsichtig mit 2 breiten Metallspachteln oder Tortenhebern so auf das gebutterte oder geölte Blech, daß die eingeklappten Schmalseiten und die offene Längsseite nach unten kommen, und bepinselt ihn reichlich mit zerlassener Butter.
Für mehrere kleine Strudel schneidet man den Teig in gleichgroße Recht-

ecke, füllt die Stücke, faltet den Rand der belegten Seite sowie die Längsseiten nach innen und rollt die Strudel mit der Hand zusammen, legt sie auf das gefettete Blech und bestreicht sie mit Butter.

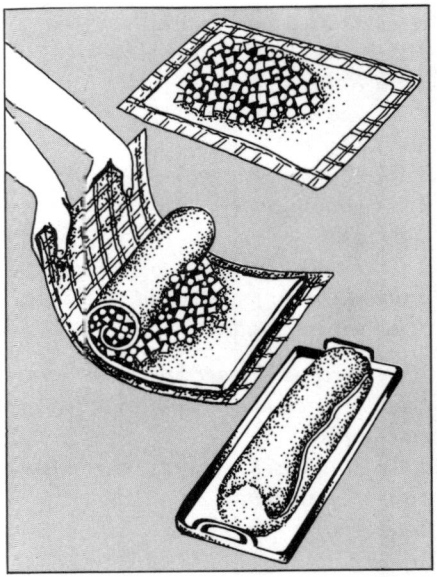

Backen

Den Backofen auf 220 Grad vorheizen. Den Strudel einschieben. Nach 15 Minuten auf 200 Grad herunterschalten und noch 15 Minuten backen, bis er goldbraun und knusprig ist.

Rezepte

Kohlstrudel

*300 g Strudelteig (Seite 16), ruhen
lassen, oder fertigen Strudelteig
1 EL Öl zum Bestreichen*

*Füllung
250 g Weißkohl
1 EL Butter, 1 EL Öl
½ Tasse Zwiebel, gehackt
1 Zehe Knoblauch, fein gehackt
2½ dl trockener Weißwein
Salz, Pfeffer
2 EL Zitronensaft*

*250 g Rotkohl
1 EL Butter, 1 EL Öl
½ Tasse Zwiebel, gehackt
1 Zehe Knoblauch, fein gehackt
2½ dl Rotwein
1 TL Zucker
Salz, Pfeffer
3 EL Johannisbeergelee
1 dl Crème fraîche
2 EL Dill
2 EL Petersilienblätter, gehackt
2 säuerliche Äpfel, geschält, in dünne
Scheiben geschnitten*

*100 g durchwachsener Speck, in ½ cm
große Würfel oder schmale Streifen
geschnitten
200 g Rindfleisch, gehackt oder in feine
Streifen geschnitten
Salz, Pfeffer*

Zutaten für die Füllung vorbereiten.
Vom Weißkohl die äußeren Blätter
entfernen, den Strunk herausschneiden, den Kohl fein hobeln. Butter und
Öl in einem Topf erhitzen, Zwiebel
und Knoblauch darin glasig dünsten,
Weißkohl hinzugeben, mit Weißwein
aufgießen und auf kleiner Flamme zugedeckt 30 Minuten dünsten. Die

Flüssigkeit sollte verkocht sein. Mit
Salz, Pfeffer und Zitronensaft abschmecken.
In der Zwischenzeit den Rotkohl putzen und hobeln, genauso wie den
Weißkohl. Öl und Butter in einem anderen Topf erhitzen, Zwiebel und
Knoblauch glasig dünsten, den Rotkohl hinzugeben und mit dem Rotwein aufgießen, den Zucker zugeben
und den Kohl 30 Minuten zugedeckt
dünsten. Mit Salz und Pfeffer abschmecken. In einer Schüssel Johannisbeergelee, Crème fraîche, Dill und
Petersilie verrühren und die Äpfel unterziehen. Wenn der Kohl abgekühlt
ist, diese Mischung einrühren.
In einer Pfanne den Speck rundherum
anbraten, das Rindfleisch zugeben,
schnell unterrühren, von allen Seiten
anbraten, mit Salz und Pfeffer würzen
und zu dem Kohl geben. Alles gut
vermischen, nochmals abschmecken.
Den Teig ausziehen, mit Öl bestreichen und füllen, wie auf Seite 105 beschrieben.
Backzeit: 30 Minuten bei zunächst
220, dann 200 Grad.

Gemüsestrudel   Titelfoto

*300 g Strudelteig (Seite 16), ruhen
lassen, oder fertigen Strudelteig
1 EL Butter, flüssig, zum Bestreichen*

*Füllung
2 EL Öl
2 Zwiebeln, geschält, fein gehackt
150 g Zucchini, gewaschen, die großen
geschält, die Enden abgeschnitten, in
dünne Scheiben geschnitten
150 g Fenchel, die äußeren Blätter und
Wurzelansatz abgeschnitten, in
schmale Streifen geschnitten
150 g rote Paprikaschote, entkernt, in
feine Streifen geschnitten
150 g grüne Bohnen, gewaschen*

150 g feine Erbsen, geschält, gekocht
1 Messerspitze Zucker
¼ TL Thymian
1 dl Fleischbrühe
150 g Tomaten, überbrüht, geschält,
gehackt
150 g Champignons, geputzt,
gewaschen, abgetrocknet, blättrig
geschnitten
3 EL Petersilienblätter, fein gehackt
3 EL Schnittlauch, fein geschnitten
2 Eigelb, 6 EL Crème fraîche
2 EL Zitronensaft
Salz, Pfeffer

Zutaten für die Füllung vorbereiten.
Öl erhitzen, Zwiebel und Zucchini
darin von allen Seiten leicht anbraten.
Fenchel und Paprika zugeben, unter
Rühren kurz mitbraten. Bohnen, Erbsen, Zucker, Thymian unter Rühren
untermischen, mit der Fleischbrühe
aufgießen, Hitze herunterschalten und
bei niedriger Hitze 15 Minuten zugedeckt dünsten. Die Flüssigkeit sollte
verdunstet und das Gemüse fast gar
sein. Vom Feuer nehmen und jetzt die
Tomaten, Champignons, Petersilie,
Schnittlauch, Eigelb, Crème fraîche
und Zitronensaft gut untermischen.
Mit Salz und Pfeffer abschmecken.
Den Teig ausziehen, mit Butter bestreichen und füllen, wie auf Seite 105
beschrieben.
Backzeit: 30 Minuten bei zunächst
220, dann 200 Grad.

Chinakohlstrudel

300 g Strudelteig (Seite 16), ruhen
lassen, oder fertigen Strudelteig
3 EL Butter, zerlassen, zum
Bestreichen

Füllung
500 g Chinakohl, von den äußeren
Blättern und vom Wurzelstrunk befreit

4 EL Öl
1 Zehe Knoblauch, geschält, fein
gehackt
5 Frühlingszwiebeln, in feine Streifen
geschnitten
1½ EL Ingwer, geschält, fein gehackt
2 Möhren, geschält, in feine Streifen
geschnitten
2 rote Paprikaschoten, von Stiel und
Kernen befreit, geviertelt, in schmale
Streifen geschnitten
300 g Hackfleisch, gemischt
1 Tasse feine Erbsen, gekocht
1 EL Speisestärke, in 4 EL Sherry
aufgelöst
1 EL Sojasauce
4 EL Crème fraîche
1 Eigelb
Salz, Pfeffer, Cayennepfeffer
½ TL Zucker

Zutaten für die Füllung vorbereiten.
Vom Chinakohl die Blätter lösen, gut
waschen. In einem großen Topf Wasser zum Kochen bringen, den Kohl
einlegen und 1 Minute kochen lassen.
Abgießen, mit kaltem Wasser abschrecken, gut abtropfen lassen, mit
Küchenkrepp abtrocknen, in 1 cm
breite Streifen schneiden.
Öl in einer großen Pfanne erhitzen,
Knoblauch, Zwiebeln, Ingwer, Möhren und Paprika hineingeben und unter Rühren schnell von allen Seiten
anbraten. Hackfleisch unterrühren
und 5 Minuten zugedeckt schmoren
lassen. Erbsen zuschütten, umrühren,
Speisestärke unterrühren, andicken
lassen, vom Feuer nehmen. Sojasauce, Crème fraîche, Eigelb unterziehen, Chinakohl untermischen und mit
Salz, Pfeffer, Cayennepfeffer und
Zucker abschmecken. Abkühlen.
Den Teig ausziehen, mit Butter bestreichen und füllen, wie auf Seite 105
beschrieben.
Backzeit: 35 Minuten bei zunächst
220, dann 200 Grad.

Spinatstrudel mit gehacktem Fleisch

300 g Strudelteig (Seite 16), ruhen lassen, oder fertigen Strudelteig
2 EL Butter, zerlassen, zum Bestreichen

Füllung
1 kg Spinat, verlesen, dicke Stiele entfernt, gewaschen
1 EL Butter, 2 EL Öl
2 Zwiebeln, geschält, fein gehackt
2 Zehen Knoblauch, geschält, fein gehackt
je 250 g mageres Schweinefleisch und Rindfleisch, mit dem Messer gehackt oder in feine Streifen geschnitten
250 g Champignons, in feine Scheiben geschnitten
3 EL Petersilienblätter, fein gehackt
3 EL Kerbelblätter, fein gehackt
100 g Walnüsse, fein gehackt
2 Eigelb
8 EL Crème fraîche
2 Eiweiß, steif geschlagen
Salz, Pfeffer

Zutaten für die Füllung vorbereiten. ½ Liter Wasser zum Kochen bringen, den Spinat eintauchen und 2 Minuten kochen lassen. Auf ein Sieb schütten, kalt abschrecken, gut ausdrücken und auf einem Brett grob hacken.
Butter und Öl in einer Pfanne erhitzen, Zwiebeln und Knoblauch darin von allen Seiten andünsten. Das gehackte Fleisch zugeben und unter Rühren rundherum anbraten. Beiseite stellen. Jetzt die Champignons, Kräuter, den Spinat, die Walnüsse, das Eigelb, Crème fraîche und Eiweiß unterziehen. Mit Salz und Pfeffer abschmecken.
Den Teig ausziehen, mit Butter bestreichen und füllen, wie auf Seite 105 beschrieben.
Backzeit: 35 Minuten bei 200 Grad.

Sojabohnensprossenstrudel

300 g Strudelteig (Seite 16), ruhen lassen, oder fertigen Strudelteig
3 EL Butter, flüssig, zum Bestreichen

Füllung
3 EL Öl
5 Zwiebeln (möglichst Frühlingszwiebeln), in feine Scheiben geschnitten
1 Zehe Knoblauch, geschält, fein gehackt
1 Karotte, gewaschen, grob geraspelt
400 g gemischtes Hackfleisch
600 g Sojabohnensprossen
ca. ¼ TL Zucker
4 EL Sojasauce
Salz, Pfeffer, Cayennepfeffer

Zutaten für die Füllung vorbereiten. Öl in einer Kasserolle heiß werden lassen, Zwiebeln, Knoblauch und Karotte zufügen, rundherum anrösten. Fleisch zugeben, mitschmoren, Sojabohnensprossen untermischen und 5 Minuten mitdünsten. Beiseite stellen, Zucker und Sojasauce untermischen, mit Salz, Pfeffer und Cayenne abschmecken. Abkühlen lassen.
Teig ausziehen, mit Butter bestreichen und füllen, wie auf Seite 105 beschrieben.
Backzeit: 35 Minuten bei zunächst 220, dann 200 Grad.

Zwiebelstrudel

300 g Strudelteig (Seite 16), ruhen lassen, oder fertigen Strudelteig
5 EL Butter, flüssig, zum Bestreichen

Füllung
3 EL Öl
150 g durchwachsener, geräucherter Speck, in ganz feine, 1½ cm lange Streifen geschnitten
700 g Zwiebeln, geschält, fein gehackt

260 g rote Paprikaschoten, entstielt,
entkernt, geviertelt, in sehr feine
Streifen geschnitten
250 g Champignons, geputzt,
gewaschen, feinblättrig geschnitten
2 Eier, mit 1½ Tassen Crème fraîche
verschlagen
ca. ¼ TL Salz
2 TL Kümmel
ca. ⅛ TL Pfeffer
3 EL Petersilienblätter, fein gehackt

Zutaten für die Füllung vorbereiten.
Öl in der Pfanne heiß werden lassen,
Speck, Zwiebeln und Paprika hineingeben und schnell von allen Seiten anbraten, herunterschalten und zugedeckt 5 Minuten dünsten. Champignons zugeben, weitere 5 Minuten
dünsten. Vom Feuer nehmen, Eier-
Crème fraîche-Mischung, Salz, Kümmel, Pfeffer und Petersilie unterrühren. Abkühlen lassen.
Teig ausziehen, mit Butter bestreichen und füllen, wie auf Seite 105 beschrieben.
Backzeit: 35 Minuten bei zunächst
220, dann 200 Grad.

Garnelenstrudel

300 g Strudelteig (Seite 16), ruhen
lassen, oder fertigen Strudelteig
3 EL Butter, zerlassen, zum
Bestreichen

Füllung
2 EL Butter
3 EL Zwiebeln (möglichst Frühlingszwiebeln), in schmale Streifen
geschnitten
250 g Champignons, blättrig
geschnitten (Konserve)
500 g Garnelen, gekocht, geschält
250 g Spargel, gekocht, in 1 cm große
Stücke geschnitten (Konserve)
3 EL Petersilienblätter, fein gehackt

1½ TL Worcestersauce
4 EL Sahne
1 EL Speisestärke, in 2 EL Sherry
aufgelöst
2 EL Orangenmarmelade
3 EL Zitronensaft
Salz, Pfeffer
1 Messerspitze Cayennepfeffer

Zutaten für die Füllung vorbereiten.
Butter in der Pfanne erhitzen, Zwiebeln und Champignons zugeben und
glasig dünsten. Garnelen zufügen und
5 Minuten zugedeckt mitdünsten.
Vom Feuer nehmen, Spargel, Petersilie, Worcestersauce, Sahne, angerühr-
te Speisestärke, Orangenmarmelade
und Zitronensaft untermischen und
mit Salz, Pfeffer und Cayenne abschmecken. Abkühlen lassen.
Teig ausziehen, mit Butter bestreichen und füllen, wie auf Seite 105 beschrieben.
Backzeit: 35 Minuten bei zunächst
220, dann 200 Grad.

Quarkstrudel

300 g Strudelteig (Seite 16), ruhen
lassen, oder fertigen Strudelteig
1 EL Butter, flüssig, zum Bestreichen

Füllung
2 EL Butter
1 Zwiebel, geschält, fein gehackt
250 g Karotten, geschält, in 3 mm dicke
Streifen geschnitten
50 g Butter, zimmerwarm
3 Eigelb
500 g Quark
125 g Crème fraîche
3 Eiweiß, steif geschlagen
3 EL Petersilienblätter, gehackt
2 EL Kerbelblätter, gehackt
2 EL Estragonblätter, gehackt
3 Tomaten, überbrüht, geschält, grob
gehackt

300 g Spinat, in Salzwasser weich
gekocht, kalt abgeschreckt, gut
ausgedrückt, grob gehackt
Salz, Pfeffer,
Cayennepfeffer

Zutaten für die Füllung vorbereiten.
Butter in einer Kasserolle erhitzen,
Zwiebeln und Karotten darin unter
Rühren andünsten, Hitze herunterschalten, ½ Tasse Wasser zugeben
und 15 Minuten fast gar dünsten.
Die zimmerwarme Butter schaumig
rühren, Eigelb, Quark, Crème fraîche
zugeben und gut miteinander verrühren, das Eiweiß unterziehen. Petersilie, Kerbel, Estragon, Karotten und
Zwiebel, Tomaten und Spinat unterziehen, mit Salz, Pfeffer und
Cayennepfeffer abschmecken.
Teig ausziehen, mit Butter bestreichen und füllen, wie auf Seite 105 beschrieben.
Backzeit: 35 Minuten bei zunächst
220, dann 200 Grad.

Rindfleischstrudel
mit Kalbsnieren

300 g Strudelteig (Seite 16), ruhen
lassen, oder fertigen Strudelteig
1 EL Öl zum Bestreichen

Füllung
400 g mageres Rindfleisch, in sehr feine
Streifen geschnitten
½ dl Sherry, medium dry
2 EL Öl
1 Zehe Knoblauch, geschält, fein
gehackt
2 Zwiebeln, geschält, fein gehackt
½ TL Thymian
250 g Kalbsniere, von Fett und Sehnen
befreit, in sehr feine Scheiben
geschnitten
3 EL Cognac
1 dl süße Sahne

300 g Champignons, geputzt,
in feine Scheiben geschnitten
5 EL Petersilienblätter,
fein gehackt
Salz, Pfeffer
1 Eigelb

Das Fleisch in einer kleinen Schüssel
½ Stunde mit dem Sherry marinieren.
Das Öl erhitzen, Knoblauch und
Zwiebeln darin anbraten, Rindfleisch
und Thymian zugeben, schnell unter
Rühren rundherum mit anbraten. Nieren zugeben, auch rundherum anbraten, mit dem Cognac ablöschen, den
Bratsatz losschaben, Sahne zugießen,
etwas einkochen. Champignons und
Petersilie zugeben, gut durchmischen.
Beiseite stellen, mit Salz und Pfeffer
abschmecken. Das Eigelb unterrühren. Abkühlen lassen.
Den Teig ausziehen, mit Öl bestreichen und füllen, wie auf Seite 105 beschrieben.
Backzeit: 30 Minuten bei zunächst
220, dann 200 Grad.

Schweinefleischstrudel
süßsauer

300 g Strudelteig (Seite 16), ruhen
lassen, oder fertigen Strudelteig
3 EL Butter, zerlassen, zum Bestreichen

Marinade
2 EL Sojasauce
6 EL Sherry
ca. ½ TL Salz
ca. ⅛ TL Pfeffer
1 EL Zucker
2 Messerspitzen Cayennepfeffer
1 EL Speisestärke

Füllung
500 g mageres Schweinefleisch, in sehr
feine Streifen geschnitten
2 EL Butter

250 g Karotten, geschält, gewaschen,
in feine Streifen geschnitten
1 große Zwiebel, geschält, fein gehackt
3 EL Öl
2 Zehen Knoblauch, geschält, fein
gehackt
1 EL Ingwer, geschält, fein gehackt
¼ TL Chilipüree
3 EL Honig
4 EL Essig
2–3 Scheiben Ananas, grob gehackt
(Konserve)

Schweinefleisch mit der Marinade vermischen und zugedeckt ½ Stunde ziehen lassen. Inzwischen die Zutaten für die Füllung vorbereiten.
Butter erhitzen, Karotten und Zwiebel hineingeben. Rundherum andünsten, zugedeckt auf kleiner Flamme 10 Minuten fast weich dünsten. Beiseite stellen.
In einer Kasserolle das Öl erhitzen, bis es raucht, Knoblauch und Ingwer schnell darin hellgelb anrösten, das Schweinefleisch hineinschütten und schnell von allen Seiten anbraten. Herunterschalten. Karotten mit Zwiebeln, Chilipüree, Honig, Essig und Ananas untermischen. Nochmals abschmecken. Abkühlen lassen.
Den Teig ausziehen, mit Butter bestreichen und füllen, wie auf Seite 105 beschrieben.
Backzeit: 30 Minuten bei zunächst 220, dann 200 Grad.

Hähnchenstrudel mit Obst

300 g Strudelteig (Seite 16), ruhen
lassen, oder fertigen Strudelteig
1 EL Öl zum Bestreichen

Füllung
1 kleines Hähnchen, ausgenommen,
gewaschen, abgetrocknet
Salz, Pfeffer

3 EL Butter
1 EL Butter
1 Zehe Knoblauch, geschält, fein
gehackt
1 Zwiebel, geschält, fein gehackt
1 EL frischer Ingwer, geschält, fein
gehackt
150 g geräucherter, magerer Schinken,
in ½ cm große Würfel oder Streifen
geschnitten
40 g Rosinen
80 g Walnüsse
4 EL Johannisbeergelee
8 EL Portwein
2 Bananen, geschält, in schmale
Scheiben geschnitten
3 EL Zitronensaft
Cayennepfeffer

Backofen auf 175 Grad vorheizen.
Das Hähnchen innen und außen mit Salz und Pfeffer einreiben. 3 EL Butter in einer Kasserolle zergehen lassen, Hähnchen auf den Rücken hineinlegen, in den Backofen schieben und ca. 40 Minuten schmoren lassen. Es sollte innen noch fast rosa sein.
In der Zwischenzeit die restlichen Zutaten für die Füllung vorbereiten.
1 EL Butter in der Pfanne erhitzen, Knoblauch, Zwiebel und Ingwer darin rundherum andünsten, bis die Zwiebel hellgelb ist. Schinken zugeben, Kochplatte ausschalten, nach 2 Minuten beiseite stellen.
Hähnchen aus dem Ofen nehmen, abkühlen lassen, von Haut, Knochen, Sehnen und Knorpeln befreien und klein hacken. Nun die Schinkenmischung, Rosinen, Walnüsse, Johannisbeergelee, Portwein, Bananen und Zitronensaft untermischen. Mit Salz, Pfeffer und Cayennepfeffer abschmecken.
Den Teig ausziehen, mit Öl bestreichen und füllen, wie auf Seite 105 beschrieben.
Backzeit: 35 Minuten bei 200 Grad.

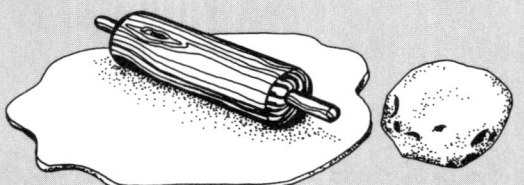

Ausrollen der ersten Teighälfte

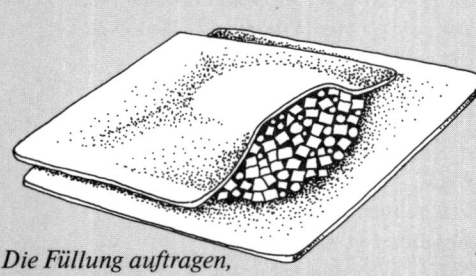

Die Füllung auftragen,

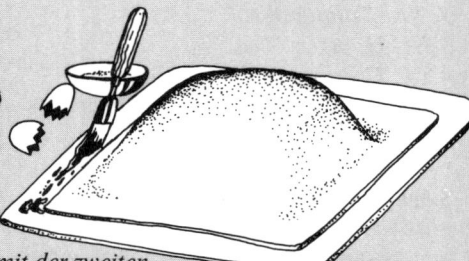

mit der zweiten Teighälfte bedecken,

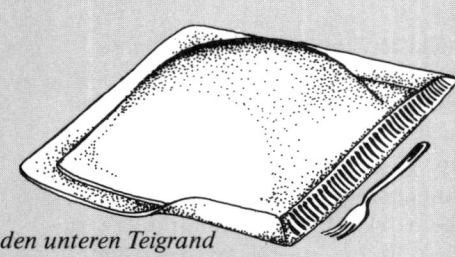

den unteren Teigrand nach oben klappen,

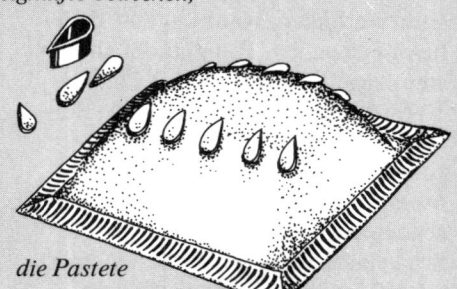

die Pastete verzieren.

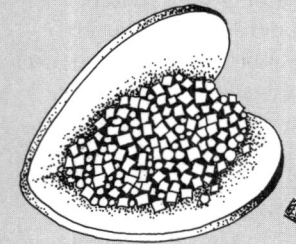

Verschiedene Formen für kleine Pasteten

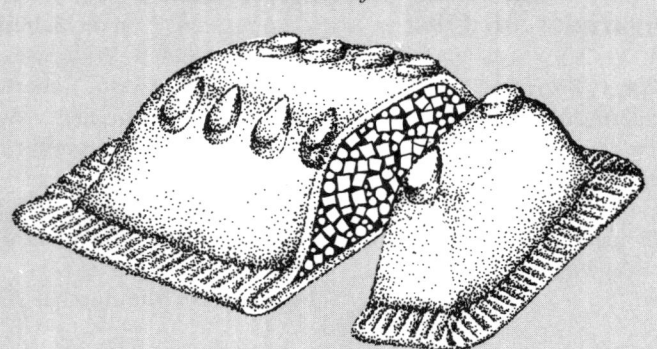

Pastete im Anschnitt

Pasteten auf dem Backblech

Allgemeine Grundbeschreibung

Statt die Pastete in einer Form zu backken, kann man sie auch mit der Hand formen und auf dem Backblech backen.
Die Zutaten sind für 6 Personen berechnet.

Herstellung

Man nimmt die Hälfte des Teigs, rollt ihn rechteckig ½ cm dick aus, an den Seiten etwas dünner, und gibt die abgekühlte Füllung der Länge nach in die Mitte darauf. Nun rollt man die andere Hälfte des Teigs ebenso aus, legt diese zweite Teigplatte obenauf, so daß die unteren Ränder 2 cm überstehen, bestreicht die Ränder mit Eigelb, klappt die Ränder der unteren Platte über den Rand der oberen und preßt sie gut zusammen, so daß die Füllung gut eingeschlossen ist. Sie muß vollkommen dicht sein. Aus den Teigresten schneidet man kleine, hübsche Formen, die man mit Wasser anfeuchtet und auf die Oberseite der Pastete klebt, oder ritzt vorsichtig mit einem spitzen Messer ein Muster hinein. In die Mitte schneidet man eine Öffnung von ca. 2–3 cm, damit der Dampf entweichen kann, legt einen schmalen Teigstreifen herum, rollt aus Alupapier einen Schornstein und steckt ihn in die Öffnung. Man bestreicht die Oberfläche mit verquirltem Eigelb und legt die Pastete vorsichtig – bei Mürbeteig auf ein gebuttertes, bei Blätterteig auf ein mit kaltem Wasser abgespültes – Backblech (die ganz großen Pasteten kann man auch auf dem Blech fertigmachen, damit sie beim Herüberheben nicht beschädigt werden).
Damit der Rand bei den kleinen Pasteten nicht zu dick wird, legt man die mit Eigelb bestrichenen Ränder bündig aufeinander und drückt sie mit den Gabelzinken zusammen, so daß sie fest verschlossen sind. Eine Öffnung in der Oberfläche wird nicht gemacht. Für die 2. Hälfte der Backzeit die Hitze auf 185 Grad reduzieren.
Backzeit: 30–35 Minuten.

Natürlich kann man auch mittelgroße, kleine, runde, quadratische und halbmondförmige Pasteten formen. Bei den kleinen Pasteten soll der Teig aber nur 3–4 mm dick ausgerollt werden.
Backzeit: 15–20 Minuten.

Rezepte
Große Pasteten
mit Fleisch

Pastete von Rindfleisch

*500 g Mürbeteig (Seite 14),
kühl stellen
1 Eigelb, verschlagen,
zum Bestreichen*

*400 g Rindfleisch, mager, in ½ × 2 cm
breite Streifen geschnitten
1 dl trockener Rotwein
¼ TL Salz, ⅛ TL Pfeffer
2 TL Speisestärke
½ TL Thymian
½ TL Rosmarinnadeln, gehackt*

*Füllung
4 EL Öl
1 Zwiebel, geschält, grob gehackt
1 Karotte, geschält, in kleine Würfel
geschnitten
1 grüne Paprikaschote, vom Gehäuse
und Stiel befreit, in schmale Streifen
geschnitten
150 g Kartoffeln, geschält, gewaschen
und in kleine Würfel geschnitten
2 Tomaten, überbrüht, geschält, grob
gehackt
3 EL geriebenen Parmesankäse
4 Sardellen, gewässert und gehackt
Salz, Pfeffer, Cayennepfeffer*

Das Rindfleisch im Rotwein zusammen mit Salz, Pfeffer, Speisestärke, Thymian und Rosmarin 1 Stunde marinieren. Zutaten für die Füllung vorbereiten.
Öl in einer Pfanne erhitzen, die Zwiebeln und das aus der Marinade entnommene Fleisch darin schnell von allen Seiten anbraten, auf niedrige Hitze schalten. Karotten, Paprika und

Kartoffeln zu dem Fleisch geben und zugedeckt auf kleiner Flamme 15 Minuten dünsten. Inzwischen Tomaten, geriebenen Käse und die Sardellen vermischen. Fleisch vom Feuer nehmen, Tomatenmischung untermengen, mit Salz, Pfeffer und Cayennepfeffer gut würzig abschmecken.
Teig ca. 3–4 mm dick ausrollen. Die Pastete füllen und schließen, wie auf Seite 113 beschrieben.
Backzeit: 30 Minuten bei 220 Grad.

Pastete von Schinken

*500 g Mürbeteig (Seite 14),
kühl stellen
1 Ei, leicht geschlagen, zum
Bestreichen*

*Füllung
200 g geräucherter, magerer Schinken,
grob gehackt
200 g gekochter, magerer Schinken, in
feine Streifen geschnitten
6 Frühlingszwiebeln, geputzt, gewaschen, in schmale Rollen geschnitten
6 Tomaten, überbrüht, geschält,
gehackt
200 g Maiskörner, gekocht (Konserve)
3 EL Salbeiblätter, gehackt
4 EL Madeira
2 EL Petersilienblätter, fein gehackt
1 Ei
1 TL Thymian
1 Zehe Knoblauch, geschält, fein
gehackt
Pfeffer, Salz, Cayennepfeffer
4 EL Crème fraîche*

Alle Zutaten gut miteinander vermischen, mit Salz, Pfeffer und Cayennepfeffer würzig abschmecken.
Teig ca. 3 mm dick ausrollen. Die Pastete füllen und schließen, wie auf Seite 113 beschrieben.
Backzeit: 40 Minuten bei 220 Grad.

Pastete von Schweinefleisch

500 g Blätterteig (Seite 14), kühl
stellen, oder Tiefkühlblätterteig
1 Ei, leicht geschlagen, zum
Bestreichen

Füllung
2 EL Butter
200 g Schweinefleisch, in schmale
Streifen geschnitten
1 Zwiebel, geschält, fein gehackt
200 g Champignons, geputzt,
gewaschen, grob gehackt
3 EL Petersilienblätter, fein gehackt
1 Semmel, in ½ Tasse Fleischbrühe
geweicht
4 EL Crème fraîche
4 EL Portwein
100 g gekochter Schinken, grob
gehackt
100 g geräucherter, durchwachsener
Speck, in ½ cm große Würfel
geschnitten
Salz, Pfeffer, Cayennepfeffer

Zutaten für die Füllung vorbereiten.
Die Butter in einer Pfanne erhitzen,
Schweinefleisch darin schnell von al-
len Seiten anbraten, Zwiebel und
Champignons zugeben und unter
Rühren 5 Minuten braten. Vom Feuer
nehmen. Nun Petersilie, die ausge-
drückte Semmel, Crème fraîche und
Portwein, Schinken und Speck unter-
mischen und mit Salz, Pfeffer und
Cayennepfeffer abschmecken.
Teig 3 mm dick ausrollen. Die Pastete
füllen und schließen, wie auf Seite 113
beschrieben.
Backzeit: 35 Minuten bei 220 Grad.

Pastete von Hackfleisch

500 g Mürbeteig (Seite 14), kühl stellen
1 Eigelb, leicht geschlagen, zum
Bestreichen

Füllung
600 g gemischtes Hackfleisch von Rind
und Schwein
4 EL Petersilienblätter, fein gehackt
1 mittelgroße Zwiebel, gerieben
½ TL Thymian
¼ TL Rosmarinnadeln, gehackt
1 TL frische Salbeiblätter,
fein gehackt
1 TL Majoranblätter, fein gehackt
3 EL Zitronensaft
½ EL Zitronenschale, gerieben
1 EL Worcestersauce
⅜ TL Salz
⅛ TL Pfeffer
125 g feine Erbsen aus der Konserve
4 harte Eier, geschält

Zutaten für die Füllung vorbereiten.
Das Hackfleisch mit allen Zutaten,
außer Erbsen und Eiern, gut verkneten, dann die Erbsen untermischen.
2 rechteckige, gleichgroße Teigplatten
ausrollen. Das Backblech buttern
oder einölen. Die eine Teigplatte auf
das Backblech legen. In die Mitte, so
daß 2 cm Rand frei bleiben, die Hälfte
des Hackfleisches verteilen, darauf in
Längsrichtung die harten Eier legen.
Den Rest des Hackfleisches darauf
verteilen, die Eier sollen im Hackfleisch eingeschlossen sein. Die Pastete schließen, wie auf Seite 113 beschrieben.
Backzeit: 45 Minuten bei 200 Grad.

Pastete von Hammelfleisch mit Zucchini

500 g Blätterteig (Seite 14), kühl
stellen, oder Tiefkühlblätterteig
1 Eigelb, verschlagen, zum
Bestreichen

Füllung
4 EL Öl
1 Zwiebel, geschält, gehackt
1 Zehe Knoblauch, geschält, fein
gehackt
300 g Hammelfleisch, gehackt, nicht
durchgedreht
1 mittelgroße Möhre, geschält, in feine
Streifen geschnitten
250 g Zucchini, geschält und in feine
Scheiben geschnitten
8 EL herber Weißwein
4 EL Fleischbrühe (Instant)
50 g roh geräucherter Schinken,
gehackt
3 EL Parmesankäse, gerieben
4 EL Tomatenketchup
2 EL Worcestersauce
Schale und Saft von ½ Zitrone
8 EL Basilikum, gehackt
Salz, Pfeffer
1 Messerspitze Cayennepfeffer

Zutaten für die Füllung vorbereiten.
Öl in einer Kasserolle erhitzen, Zwiebel, Knoblauch und Fleisch schnell darin von allen Seiten anbraten. Zucchini, Möhre, Weißwein und Fleischbrühe zugeben, Hitze herunterschalten und 10 Minuten zugedeckt dünsten, bis die Zucchini fast gar sind. Schinken, Parmesan, Tomatenketchup, Worcestersauce, Zitronensaft und -schale und Basilikum untermischen, mit Salz, Pfeffer und Cayennepfeffer würzig abschmecken.
Teig ca. 3 mm dick ausrollen. Die Pastete füllen und schließen, wie auf Seite 113 beschrieben.
Backzeit: 30 Minuten bei 220 Grad.

Pastete von Lamm mit Äpfeln

500 g Blätterteig (Seite 14), kühl
stellen, oder Tiefkühlblätterteig
1 Eigelb, verschlagen, zum Bestreichen

Füllung
2 EL Öl
2 Zwiebeln, geschält, fein
gehackt
1 Zehe Knoblauch, geschält, fein
gehackt
500 g Lammfleisch von der Schulter
oder Brust, von vorhandenen Sehnen
und Fett befreit, gehackt, nicht durch-
gedreht
150 g Champignons, geputzt,
gewaschen, grob gehackt
2 EL Petersilienblätter, fein
gehackt
Schale von 1 ungespritzten Zitrone,
gerieben
4 EL Rosinen
1 EL Mango Chutney, gehackt
Salz, Pfeffer
1 Messerspitze Cayennepfeffer
Saft von 1 Zitrone
1 dl Crème fraîche
1 großer, säuerlicher Apfel, geschält,
entkernt, grob gehackt

Zutaten für die Füllung vorbereiten.
Öl in einer großen Pfanne erhitzen, Zwiebeln und Knoblauch schnell von allen Seiten anbraten, Fleisch zugeben, unter Rühren 5 Minuten mitbraten. Champignons, Petersilie, Zitronenschale und Rosinen untermischen, kurz mitdünsten. Mango Chutney unterrühren, mit Salz, Pfeffer und Cayennepfeffer abschmecken. Vom Feuer nehmen, Zitronensaft, Crème fraîche und Apfel untermischen.
Teig ca. 3 mm dick ausrollen. Die Pastete füllen und schließen, wie auf Seite 113 beschrieben.
Backzeit: 35 Minuten bei 220 Grad.

Pastete von Lamm mit Paprika

500 g Mürbeteig (Seite 14),
kühl stellen
1 Eigelb, verschlagen, zum Bestreichen

Füllung
3 EL Öl
2 Zehen Knoblauch, geschält, fein gehackt
2 Zwiebeln, geschält, fein gehackt
400 g Lammfleisch, von der Schulter oder Brust, gehackt, nicht durchgedreht
1 TL Thymian
½ TL Rosmarinnadeln, gehackt
2 rote Paprikaschoten, entkernt, fein gewürfelt
2 grüne Paprikaschoten, entkernt, fein gewürfelt
4 Tomaten, überbrüht, gehäutet, gewürfelt
2 EL Petersilienblätter, fein gehackt
1 Semmel, entrindet, in ½ Tasse Fleischbrühe geweicht und ausgedrückt
2 EL Tomatenketchup
2 EL Crème fraîche
½ TL Chilipüree
Salz

Zutaten für die Füllung vorbereiten. Öl in einer großen Pfanne erhitzen, Knoblauch, Zwiebeln und Fleisch schnell darin rundherum anbraten. Thymian, Rosmarin, Paprika zugeben, Hitze herunterschalten und zugedeckt 7 Minuten dünsten. Vom Feuer nehmen und Tomaten, Petersilie, Semmel, Tomatenketchup und Crème fraîche gut mit dem Pfanneninhalt vermischen. Mit Chilipüree und Salz würzig abschmecken.
Teig ca. 3 mm dick ausrollen. Die Pastete füllen und schließen, wie auf Seite 113 beschrieben.
Backzeit: 30 Minuten bei 220 Grad.

Pastete von Huhn

500 g Mürbeteig (Seite 14),
kühl stellen
1 Eigelb, verschlagen, zum Bestreichen

Füllung
6 EL Öl
2 Zwiebeln, geschält, gehackt
400 g Hühnerfleisch, von Haut, Sehnen und Knorpel befreit, in 1 cm große Würfel geschnitten
1 dl herber Weißwein
1 dl süße Sahne
2 Semmeln ohne Rinde, in 1 dl Milch geweicht und ausgedrückt
200 g Champignons, geputzt, gewaschen, grob gehackt
3 EL Petersilienblätter, fein gehackt
1 rote Paprikaschote, geputzt, fein gehackt
125 g grüne Oliven, entsteint, gehackt
1 Eigelb
Salz, Pfeffer, Cayennepfeffer

Zutaten für die Füllung vorbereiten. Öl in einer Pfanne gut erhitzen. Zwiebeln und Hühnerfleisch schnell darin von allen Seiten anbraten, Hitze herunterschalten und 5 Minuten unter Wenden dünsten. Fleisch und Zwiebel in eine Schüssel geben. Weißwein in die Pfanne gießen, Bratsatz losschaben, auf die Hälfte einkochen. Sahne zugeben, dick sämig einkochen. Vom Feuer nehmen, zu dem Fleisch geben. Semmeln, Champignons, Petersilie, Paprika, Oliven, Eigelb sorgfältig unter das Fleisch mischen, mit Salz, Pfeffer und Cayennepfeffer würzig abschmecken.
Teig ca. 3–4 mm dick ausrollen. Die Pastete füllen und schließen, wie auf Seite 113 beschrieben.
Backzeit: 30 Minuten bei 220 Grad.

Pastete von Hase
oder Reh

*500 g Blätterteig (Seite 14), kühl
stellen, oder Tiefkühlblätterteig
1 Eigelb, verschlagen, zum
Bestreichen*

*Füllung
1 Hasenrücken oder gleiche Menge
Rehrücken
1 EL Butter
1 Zwiebel, geschält, in Stücke
geschnitten
1 Knoblauchzehe, geschält
1 Bund Suppenkraut, geputzt,
in Stücke geschnitten
½ l herber Rotwein
½ TL Thymian
2 Lorbeerblätter
8 Wacholderbeeren, zerdrückt
1 Nelke
4 Pfefferkörner
10 g getrocknete Spitzmorcheln*

*3 EL Butter
50 g durchwachsener Speck,
in ½ cm große Würfel geschnitten
1 Zwiebel, geschält, fein
gehackt
100 g Hähnchenleber, von Fett
und Sehnen befreit, grob gehackt
2 EL Cognac
½ dl Madeira
2 EL Petersilienblätter, fein
gehackt
Saft und geriebene Schale von
1 Zitrone
50 g Pistazien, grob gehackt
2 Eigelb
3 Scheiben Weißbrot, entrindet,
in ½ Tasse Milch eingeweicht
4 gehäufte EL Crème fraîche
Salz, Pfeffer, Cayenne*

Zutaten für die Füllung vorbereiten.
Die Filets von den Knochen lösen,
Haut entfernen und grob mit einem

Messer klein schneiden, beiseite stellen. Die Knochen zerhacken.
In einem Topf die Butter erhitzen,
Knochen und Reste von allen Seiten
darin anbraten. Zwiebel, Knoblauch
und Suppenkraut zugeben, mit anbraten, bis alles schön braun ist. Mit dem
Rotwein aufgießen, aufkochen, 5 Minuten lang abschäumen. Thymian,
Lorbeer, Wacholderbeeren, Nelke,
Pfefferkörner zugeben und 1½ Stunden auf kleiner Flamme zugedeckt köcheln lassen. Inzwischen Morcheln in
lauwarmem Wasser 20 Minuten einweichen.
3 EL Butter erhitzen, Speck und
Zwiebel schnell darin leicht anbraten,
Fleisch zugeben, unter Rühren rundum anbraten, Leber hinzufügen und
mitbraten. Mit Cognac und Madeira
ablöschen, Bratsatz losschaben und
Petersilie, Zitronensaft und -schale,
Pistazien, Eigelb, das ausgedrückte
Weißbrot, die ausgedrückten und in
Stücke geschnittenen Morcheln sowie
die Crème fraîche unterziehen und alles gut vermischen.
Den Topfinhalt mit den Knochen
durch ein Haarsieb gießen, die Brühe
in einen kleinen Topf gießen und
dickflüssig einkochen. Siebinhalt wegwerfen. Die dickflüssig eingekochte
Brühe unter die Fleischmischung rühren. Mit Salz, Pfeffer und Cayennepfeffer abschmecken.
Teig 2 mm dick ausrollen. Die Pastete
füllen und schließen, wie auf Seite 113
beschrieben.
Backzeit: 30 Minuten bei 220 Grad.

Kleine Pasteten mit Käse

Pastetchen mit geriebenem Käse

400 g Quarkblätterteig (Seite 15), kühl stellen, oder Tiefkühlblätterteig
1 Eigelb, leicht geschlagen, zum Bestreichen

Füllung
1 EL Butter
2 EL Mehl
½ dl herber Weißwein
1½ dl süße Sahne
100 g Emmentaler, gerieben
100 g Gruyere, gerieben
100 g junger Gouda, gerieben
2 Eier
Salz, Pfeffer, Cayennepfeffer
4 EL Walnüsse, fein gehackt

Butter zergehen lassen, Mehl einstreuen und unter Rühren anschwitzen. Wein unter Rühren zugießen, etwas einkochen, Sahne zugeben, dick einkochen. Vom Feuer nehmen, mit dem Käse und den Eiern gut verrühren, mit Salz, Pfeffer und Cayennepfeffer abschmecken. Zum Schluß die Walnüsse unterziehen.
Teig ca. 2 mm dick ausrollen. Die Pastetchen füllen und schließen, wie auf Seite 113 beschrieben.
Backzeit: 20 Minuten bei 200 Grad.

Pastetchen mit Briekäse

400 g Quarkblätterteig (Seite 15), kühl stellen, oder Tiefkühlblätterteig
1 Eigelb, verschlagen, zum Bestreichen

Füllung
250 g reifer Briekäse
150 g Sahnequark
1 Ei
2 Messerspitzen Cayennepfeffer
4 EL Cognac
8 EL ungesalzene Pistazien, geschält, fein gehackt

Brie mit der Gabel gut zerdrücken und mit dem Quark, Ei, Cayennepfeffer und Cognac gut verrühren. Die Pistazien unterziehen.
Teig ca. 2 mm dick ausrollen. Die Pastetchen füllen und schließen, wie auf Seite 113 beschrieben.
Backzeit: 15 Minuten bei 200 Grad.

Pastetchen mit Quark

400 g Hefeteig (Seite 15), warm stellen
1 Eigelb, leicht geschlagen, zum Bestreichen

Füllung
400 g Sahnequark
1 Ei
¼ TL Salz
¼ TL Zucker
5 EL frische Basilikumblätter, fein gehackt
3 EL Petersilienblätter, fein gehackt

Alle Zutaten zu einer cremigen Masse verrühren.
Teig ca. 2 mm dick ausrollen. Die Pastetchen füllen und schließen, wie auf Seite 113 beschrieben. 15 Minuten ruhen lassen vor dem Backen.
Backzeit: 15 Minuten bei 200 Grad.

119

Pastetchen mit Roquefort

*400 g Quarkblätterteig (Seite 15), kühl
stellen, oder Tiefkühlblätterteig
1 Eigelb, leicht geschlagen, zum
Bestreichen*

Füllung
*250 g Roquefort
150 g Sahnequark
4 EL Crème fraîche
¼ TL Paprikapulver, süß
5 EL Portwein
14 EL Blätter und Stengel von
Stangensellerie, fein gehackt*

Roquefort mit der Gabel gut zerdrük-
ken und mit Quark, Crème fraîche,
Paprika und Portwein gut verrühren.
Stangensellerie unterrühren.
Teig ca. 2 mm dick ausrollen. Die Pa-
stetchen füllen und schließen, wie auf
Seite 113 beschrieben.
Backzeit: 20 Minuten bei 200 Grad.

Pastetchen mit Schafskäse

*400 g Quarkblätterteig (Seite 15), kühl
stellen, oder Tiefkühlblätterteig
1 Eigelb, leicht geschlagen, zum
Bestreichen*

Füllung
*400 g frischer Schafskäse
2 EL Butter
6 EL Petersilienblätter,
fein gehackt
7 EL süße Sahne
2 Eigelb
Salz, Pfeffer*

Schafskäse mit der Gabel gut zerdrük-
ken und mit Butter, Petersilie, Sahne
und Eigelb gut verrühren, mit Salz
und Pfeffer abschmecken.
Teig 2 mm dick ausrollen. Die Pastetchen füllen und schließen, wie auf Seite 113 beschrieben.
Backzeit: 15 Minuten bei 200 Grad.

Fleisch in der Teigkruste

Allgemeine Grundbeschreibung

Es wird zuerst der im Rezept angegebene Teig hergestellt. Während dieser ruht, bereitet man das Fleisch und eventuell Gemüse für die Füllung vor.

Fertigstellung

Man rollt den Teig auf einer leicht bemehlten Platte mit einer leicht bemehlten Kuchenrolle gleichmäßig zu einem Rechteck aus, legt Fleisch und Gemüse übereinander in die Mitte, bestreicht die Teigränder mit leicht geschlagenem Eiweiß oder Eigelb, schlägt das Fleisch im Teig ein und drückt die Ränder gut fest. Man legt das Fleisch im Teigmantel auf das kalt abgespülte oder geölte Blech, mit der Naht nach unten, verziert mit Formen aus Teigresten, die man mit Eiweiß anklebt, oder ritzt mit einem spitzen Messer ein Muster in die Oberfläche, bestreicht die Oberfläche mit leicht verquirltem Eigelb und schneidet in die Mitte (vor allem bei den größeren Stücken) eine runde Öffnung für den Dampfabzug.

Backen

Der Backofen wird, je nach Rezept, vorgeheizt, das Blech eingeschoben und das Fleisch nach angegebener Zeit gegart, bis die Teigkruste goldbraun und knusprig gebraten ist.

Rezepte

Rinderfilet in der Teigkruste

Für 6 Personen

450 g Blätterteig (Seite 14), kühl stellen oder Tiefkühlblätterteig
1 Eigelb, leicht geschlagen, zum Bestreichen

2 EL Öl, 2 EL Butter
1 kg Rindsfilet
Salz, Pfeffer

2 EL Butter
½ Zwiebel, geschält, fein gehackt
1 Karotte, geschält, fein gehackt
250 g Champignons, geputzt, gewaschen, gehackt
2 EL Petersilienblätter, fein gehackt
¼ TL Thymian, 1 Lorbeerblatt
¼ l trockener Rotwein
Salz, Pfeffer

In einer Kasserolle Öl und Butter erhitzen und das Filet unter Wenden von allen Seiten braun anbraten. Hitze herunterschalten, das Fleisch mit Salz und Pfeffer bestreuen und 10 Minuten im Backofen braten. Herausnehmen und abkühlen lassen.

In der Zwischenzeit 2 EL Butter zergehen lassen, Zwiebel, Karotte und Champignons hineingeben, unter gelegentlichem Rühren 5 Minuten dünsten. Jetzt Petersilie, Thymian und Lorbeer zugeben, mit dem Rotwein aufgießen und 30 Minuten zugedeckt dünsten. Mit Salz und Pfeffer abschmecken. Lorbeerblatt entfernen. Die Hälfte des Teigs zu einem Rechteck ausrollen, in die Mitte das Gemüse geben, das Filet darauflegen, 3 cm Rand mit Eigelb bepinseln. Die andere Hälfte des Teigs ebenfalls zu einem etwas größeren Rechteck ausrollen, über das Filet legen, die Kanten gut zusammendrücken. Die Oberseite mit Eigelb bestreichen und die Kanten nochmals umschlagen und festdrücken. In die Oberseite mit scharfem Messer ein Muster einritzen, mit Eigelb bestreichen, auf ein mit kaltem Wasser abgespültes Backblech legen. Backzeit: 35 Minuten bei 220 Grad. Vor dem Anschneiden 8 Minuten ruhen lassen. Rotweinsauce oder Madeirasauce (Seite 129) mit gewürfeltem Rindermark und feingehackter Petersilie dazu servieren.

Schinken in der Teigkruste

Für 5–6 Personen

Pastetenauslegteig (Seite 14), kühl stellen
1200 g roher Nußschinken, leicht gepökelt, leicht geräuchert
1 Eigelb, leicht geschlagen, zum Bestreichen

Den Schinken 12 Stunden in kaltem Wasser wässern, herausnehmen und abwischen. In einen größeren Topf legen und mit kaltem Wasser bedecken, zum Kochen bringen, herunterschalten und zugedeckt 1 Stunde sieden lassen, nicht wallend kochen. Aus dem Wasser nehmen und abkühlen lassen.

Den Teig zu einer großen, rechteckigen Platte ausrollen, den Schinken in die Mitte legen, darin einschlagen, die Kanten vorher mit Eigelb bestreichen und gut zusammendrücken.

Das Backblech einfetten, den eingepackten Schinken mit der Naht nach unten darauflegen. In die Mitte der Oberseite ein Loch von 2–2½ cm Durchmesser ausstechen für den Dampfabzug. Die Oberfläche mit Teigresten verzieren, die mit Eigelb angedrückt werden. Die ganze Oberfläche mit Eigelb bestreichen.

Backzeit: 45 Minuten bei 210 Grad. Vor dem Anschneiden 10 Minuten ruhen lassen. Madeirasauce (Seite 129), gedünsteten Blattspinat oder anderes gedünstetes Gemüse dazu reichen.

Schweinefilet in der Teigkruste

400 g Blätterteig (Seite 14), kühl stellen, oder Tiefkühlblätterteig
1 Eiweiß und 1 Eigelb, leicht geschlagen, zum Bestreichen

5 EL Öl
900 g Schweinefilet, in ca. 10 cm lange Stücke geschnitten
Ananassaft
½ dl Weißwein
6 TL Fleischbouillon, unverdünnt
Salz, Pfeffer

900 g Ananas aus der Konserve, in Stücke geschnitten
6 EL Zucker

Das Öl in einer Pfanne erhitzen, das Schweinefilet schnell von allen Seiten anbraten, die Hitze herunterschalten. Mit dem Ananassaft, Weißwein und Fleischbouillon aufgießen, mit Salz und Pfeffer bestreuen. Zugedeckt 15 Minuten dünsten. Das Fleisch herausnehmen, abkühlen lassen. Ananas und Zucker in die Sauce geben und 10 Minuten köcheln lassen. Zugedeckt warm halten. Teig ausrollen, in so viele Rechtecke teilen, wie man Filets hat, und jedes einzeln einpacken. Kanten mit Eiweiß bestreichen, über das Filet klappen, gut andrücken, auf ein kalt abgespültes Backblech legen und mit dem Eigelb bestreichen. Backzeit: 25 Minuten bei 220 Grad.

Kasseler in der Teigkruste

400 g Blätterteig (Seite 14), kühl stellen, oder Tiefkühlblätterteig
1–2 Eigelb, leicht geschlagen, zum Bestreichen

1 kg ausgelöstes, roh geräuchertes Kasseler
4 EL Johannisbeergelee
3 EL Rosmarinnadeln, gehackt
2 EL Worcestersauce
⅛ TL Pfeffer
1½ dl Weißwein

0,5 dl Fleischbrühe (Instant)
2 Äpfel, geschält, grob gewürfelt
½ EL Zitronensaft, Salz, Pfeffer

Backofen auf 220 Grad vorheizen. Johannisbeergelee mit Rosmarin, Worcestersauce und Pfeffer vermischen. Das Kasseler rundherum damit einstreichen, in ein Bratgeschirr legen, in den Ofen stellen und 1 dl Weißwein zugießen. Nach 10 Minuten das Kasseler vorsichtig mit der Sauce begießen. Die Temperatur auf 190 Grad herunterschalten und 35 Minuten braten. Dabei ab und zu mit der Sauce begießen und nach und nach den restlichen Weißwein zugeben. Das Kasseler aus dem Ofen nehmen und abkühlen lassen.
Den Teig zu einem Rechteck ausrollen, das Fleisch in die Mitte legen, die Kanten mit Eigelb bestreichen, über dem Fleisch zusammenschlagen, gut andrücken, mit dem Eigelb bestreichen und auf ein mit kaltem Wasser abgespültes Backblech legen. Backzeit: 30 Minuten bei 220 Grad. Die Sauce erhitzen, Fleischbrühe und Äpfel zugeben, dicklich einkochen, mit Zitronensaft, Salz und Pfeffer abschmecken.

Kalbsbries in der Teigkruste

400 g Blätterteig (Seite 14), kühl stellen, oder Tiefkühlblätterteig
1 Eigelb, mit ½ TL Wasser geschlagen, zum Bestreichen

3 Kalbsbries
½ TL Salz
40 g durchwachsener, geräucherter Speck, in 2 cm lange und ½ cm schmale Streifen geschnitten
50 g gepökelte Rinderzunge, gehäutet, in 2 cm lange und ½ cm schmale Streifen geschnitten

4 EL Butter
3 Karotten und 3 Zwiebeln, geschält, in schmale Streifen geschnitten
¼ TL Thymian
2 Lorbeerblätter
6 Stengel Petersilie
Salz, Pfeffer
1½ dl Weißwein
7 EL Tomatenketchup
1 dl süße Sahne, 1 dl Portwein

2 EL Butter
250 g Steinpilze, geputzt, in feine Streifen geschnitten, oder Konserve

Das Kalbsbries 3 Stunden in kaltem Wasser, das zweimal ausgetauscht wird, wässern.

In einem großen Topf Wasser und Salz zum Kochen bringen, Bries hineinlegen und 5 Minuten blanchieren, herausnehmen, mit kaltem Wasser abschrecken. Haut, Sehnen und Knorpel vorsichtig entfernen. Mit einem spitzen Messer Einstiche in das Bries machen und mit den Speckstreifen und Zungenstreifen spicken.

Die Butter in einer Kasserolle zergehen lassen, Karotten und Zwiebeln unter Wenden 4 Minuten dünsten. Thymian, Lorbeer und Petersilie zugeben. Das Bries auf das Gemüse legen, salzen und pfeffern, mit 1 dl Weißwein aufgießen und zugedeckt 30 Minuten auf kleiner Flamme dünsten. Das Bries aus dem Topf nehmen. Den restlichen Weißwein und Tomatenketchup zu dem Gemüse geben und nochmals 20 Minuten kochen lassen. Lorbeerblatt entfernen. Sauce und Gemüse durch ein Haarsieb streichen, in den Topf zurückgeben und sämig einkochen. Die Sahne unterziehen und wieder dickflüssig einkochen. Vom Feuer nehmen, den Portwein hinzufügen und nur noch erhitzen.

In einer Pfanne 2 EL Butter erhitzen, Steinpilze zugedeckt 15 Minuten dünsten. Mit Pfeffer abschmecken.

Je ⅓ des Teigs zu einem so großen Rechteck ausrollen, daß je 1 Bries und je ⅓ der Pilze darin eingewickelt werden können. In die Mitte des Teigrechtecks die Pilze geben, darauf das Bries legen, in den Teig einschlagen, Kanten mit Eigelb bestreichen, gut andrücken. Mit der Naht nach unten auf das kalt abgespülte Backblech legen. In die Oberfläche mit einem spitzen Messer vorsichtig ein Muster einritzen und das Ganze dann mit Eigelb bestreichen.
Backzeit: 25 Minuten bei 220 Grad.

Gefüllte Lammkeule in der Teigkruste

800 g Blätterteig (Seite 14), kühl stellen, oder Tiefkühlblätterteig
1 Eiweiß, leicht geschlagen, zum Bestreichen
1 Eigelb, leicht geschlagen, zum Bestreichen

1 Lammkeule, entbeint, die Lammknochen in Stücke gehackt
4 TL Thymian
2 TL Rosmarin
2 dl trockener Roséwein
Pfeffer

Füllung
2 EL Butter
1 Zwiebel, geschält und fein gehackt
2 Zehen Knoblauch, geschält und fein gehackt
200 g Hähnchenleber, von Sehnen befreit
6 Lammnieren, 3 Stunden gewässert
10 große Spitzmorcheln, getrocknet, 1 Stunde in lauwarmem Wasser gewässert, ausgedrückt und grob gehackt
150 g Champignons
2 EL Petersilienblätter, fein gehackt
0,5 dl Cognac
Salz, Pfeffer
1 dl Crème fraîche
1½ TL Johannisbeergelee

Die Lammkeule mit Rosmarin, Thymian und Pfeffer bestreuen, in eine Schüssel legen und den Roséwein zugießen. 5 Stunden unter öfterem Wenden zugedeckt marinieren.

Butter in der Pfanne erhitzen, Zwiebel und Knoblauch zugeben und kurz anbraten. Leber und Nieren in die Pfanne legen und von beiden Seiten schnell anbraten, aus der Pfanne nehmen, beiseite stellen.

Morcheln, Champignons und Petersilie in die Pfanne geben, kurz andünsten und mit Cognac ablöschen, den Bratsatz losschaben, Cognac etwas einkochen und den Pfanneninhalt in eine Schüssel geben. Die Hühnerleber fein hacken und zu den Pilzen geben, mit Salz und Pfeffer abschmecken. Alles gut miteinander vermischen. Lammkeule aus der Marinade nehmen. Innen mit der Füllung bestreichen. Die Nieren häuten, Fett und Sehnen entfernen und längs in die Mitte auf die Füllung legen. Die Lammkeule längs zusammenklappen und zusammennähen, so daß die Füllung ganz eingeschlossen ist. Die Keule in eine Bratpfanne legen, die Knochen um sie herumlegen und die Marinade zuschütten.
Backzeit: ca. 1¼ Stunden bei 200 Grad. In der 1. Stunde alle 10 Minuten mit der Sauce begießen. Keule aus der Pfanne nehmen und abkühlen lassen. Den Faden vorsichtig entfernen. Den Teig zu einem großen Rechteck ausrollen. Die Lammkeule in die Mitte legen, die Teigecken schräg abschneiden und für die Verzierung aufbewahren. Die Ränder mit Eiweiß bestreichen, über der Keule zusammenschlagen, festdrücken. In die Mitte eine Öffnung für den Dampfabzug machen, Verzierungen aus dem Teig schneiden, mit Eiweiß ankleben. Die ganze Oberfläche mit Eigelb einstreichen. Ein Backblech mit kaltem Wasser abspülen und die eingepackte Keule vorsichtig, ohne dabei den Teig zu beschädigen, auf das Backblech legen.
Backzeit: 30 Minuten bei 225 Grad.
In der Zwischenzeit die Sauce entfetten, durch ein Sieb in einen kleinen Topf laufen lassen, dick einkochen, Crème fraîche mit Johannisbeergelee unterziehen, erhitzen, doch nicht mehr kochen lassen.

Gefülltes Hähnchen in der Teigkruste

Für 4 Personen

450 g Blätterteig (Seite 14), kühl stellen oder Tiefkühlblätterteig
1 Eiweiß, leicht geschlagen, zum Bestreichen
1 Eigelb, leicht geschlagen, zum Bestreichen

1 Hähnchen, ausgenommen
1 Bund Etragonblätter

Füllung
2 EL Butter
50 g durchwachsener Speck, fein gehackt
½ Zwiebel, geschält, fein gehackt
1 Zehe Knoblauch, geschält, fein gehackt
50 g Champignons, geputzt, fein gehackt
3 EL Cognac
1 Semmel, in ½ dl süße Sahne geweicht
1 Leber vom Hähnchen, fein gehackt
1 Herz vom Hähnchen, fein gehackt
1 EL Petersilienblätter, fein gehackt
¼ TL Salz, ⅛ TL Pfeffer

Butter erhitzen, den Speck, Zwiebel und Knoblauch unter Rühren leicht anbraten. Die Champignons zugeben und kurz mitdünsten. Mit dem Cognac ablöschen und Bodensatz losschaben. Alles in eine Schüssel schütten. Die Semmel gut zerdrücken, ebenso wie Leber und Herz zu den Pilzen geben. Gut vermischen, mit Salz und Pfeffer würzen. Das Huhn innen mit den Estragonblättern auskleiden, dann die Füllung hineingeben. Mit Zahnstochern verschließen. Im Ofen garen.
Backzeit: 1 Stunde bei 210 Grad. Hähnchen herausnehmen, abkühlen lassen.

Den Teig auf einer leicht bemehlten Platte zu einem Rechteck ausrollen, die Ecken quer abschneiden und für die Verzierungen aufbewahren. Die Kanten mit Eiweiß bestreichen. Das Huhn in die Mitte legen, den Teig über dem Huhn zusammenschlagen und andrücken. Verzierungen ausschneiden, mit Eiweiß ankleben, die ganze Oberfläche mit Eigelb bestreichen. In die Mitte eine kleine, runde Öffnung schneiden und auf ein mit kaltem Wasser abgespültes Backblech legen.
Backzeit: 30 Minuten bei 225 Grad.

Hühnerbrüstchen in der Teigkruste

Für 1 Person

100 g Blätterteig (Seite 14), kühl stellen, oder Tiefkühlblätterteig
1 Eigelb, leicht geschlagen, zum Bestreichen

2 EL Öl
2 ganze Hühnerbrüste (ohne Knochen)
1 El Mandelsplitter
1 EL Honig
1 große Scheibe gekochter Schinken, mager, ohne Schwarte, ca. 1–2 mm dick
Salz, Pfeffer, Cayennepfeffer
½ Banane, geschält, längs halbiert

Öl in der Pfanne erhitzen, die Brüste von beiden Seiten hellbraun anbraten. Aus der Pfanne nehmen, abkühlen lassen. Mandelsplitter in die Pfanne geben, kurz anbraten, Honig zugeben, aufkochen, beiseite stellen.
Den Teig ausrollen, so daß beide Brüste darin eingepackt werden können. Die Schinkenscheibe in die Mitte des Teigs legen. 1 Hühnerbrust mit der Innenseite nach oben auf die eine Hälfte des Schinkens legen und mit

Salz, Pfeffer und Cayennepfeffer bestreuen. Hierauf die Bananenhälften verteilen, die zweite Brust auflegen, wieder mit Salz, Pfeffer und Cayennepfeffer bestreuen. Die leere Schinkenhälfte darüberklappen und mit dem Teig einpacken. Die Kanten vorher mit Eigelb bestreichen und zusammendrücken. Auf ein mit kaltem Wasser abgespültes Backblech legen. In die Mitte der Oberseite ein 1 cm großes Loch ausstechen für den Dampfabzug. Mit Teigresten, die mit Eigelb geklebt werden, verzieren. Die ganze Oberseite mit Eigelb bestreichen.
Backzeit: ½ Stunde bei 220 Grad.
Mit den Mandelsplittern bestreuen und mit Honig begießen.

Gefüllte Hasenfilets in der Teigkruste

Für 4 Personen

450 g Blätterteig (Seite 14), kühl stellen, oder Tiefkühlblätterteig
1 Eiweiß, leicht geschlagen
1 Eigelb, leicht geschlagen, zum Bestreichen

2 Hasenrücken, gehäutet
Saft von ½ Zitrone
6 EL Öl, Pfeffer
10 Wacholderbeeren, zerdrückt

Füllung
Die kleinen Filets von der Unterseite, in Stücke geschnitten
½ Zwiebel, geschält, in Stücke geschnitten
1 Semmel, entrindet, in Stücke geschnitten, in ½ dl süßer Sahne geweicht
2 Eigelb, ca. ⅛ TL Salz
2 Messerspitzen Pfeffer

3 EL Butter
8 dünne Scheiben durchwachsener Speck

Die großen und kleinen Filets sorgfältig vom Knochen lösen und in eine Schüssel legen. Aus Zitronensaft, Öl, Pfeffer und Wacholderbeeren eine Marinade rühren, die Filets 3 Stunden marinieren, von Zeit zu Zeit wenden. Aus der Marinade nehmen.

Für die Füllung die Filetstücke, Zwiebel und die eingeweichte Semmel fein durchdrehen, in eine Schüssel geben und mit Eigelb, Salz und Pfeffer gut vermischen.

Butter in der Pfanne erhitzen, die großen Filets darin kurz rundherum anbraten. Herausnehmen und quer der Länge nach halbieren, aber so, daß sie an einer Seite noch zusammenhängen. Nun die Filets innen mit der Farce bestreichen, wieder zusammenklappen und in die Speckscheiben rollen.

Teig ausrollen und in 4 Rechtecke teilen, so groß, daß je 1 Filet darin eingepackt werden kann. Die Teigränder mit Eiweiß bestreichen, über dem Filet zusammenschlagen, andrücken. In die Mitte der Oberseite ein 2 cm großes Loch in den Teig schneiden. die ganze Oberseite mit Eigelb bestreichen. Auf ein mit kaltem Wasser abgespültes Backblech legen.
Backzeit: 30 Minuten bei 210 Grad.

Frischling in der Teigkruste

1 kg Frischlingskeule, entbeint
10 Wacholderbeeren
2 Lorbeerblätter
10 Pfefferkörner
1 dl Essig, 1 dl Rotwein
1 Messerspitze Nelke, gemahlen

Teig
200 g geriebenes Roggenbrot
6 EL zerlassene Butter
3 EL Rotwein, 2 TL Zucker
1 Messerspitze Zimt, gemahlen
1 Messerspitze Nelke, gemahlen

Das Fleisch in eine Schüssel legen und die übrigen Zutaten darübergeben. Zugedeckt 24 Stunden marinieren.
Nun das Fleisch in eine Kasserole geben, die Marinade zugießen, zum Kochen bringen, die Hitze herunterschalten und auf kleiner Flamme zugedeckt ¾ Stunde dämpfen.
Inzwischen die Zutaten für den Teig miteinander gut vermischen. Den Braten mit dem Teig bestreichen und in den vorgeheizten Ofen stellen.
Backzeit: ½ Stunde bei Oberhitze.
Bratsaft dick einkochen und für eine Kirschsauce (Seite 131) verwenden.
Mit Rotkohl servieren.

Frankfurter in der Teigkruste

400 g Blätterteig (Seite 14), kühl stellen, oder Tiefkühlblätterteig
1 Eiweiß, leicht geschlagen, zum Bestreichen
1 Eigelb, leicht geschlagen, zum Bestreichen

8 Frankfurter Würstchen
8 dünne Scheiben Emmentaler, ca. 15 × 5 cm groß
16 Salbeiblätter, möglichst frisch
Cayennepfeffer

Den Teig 2–3 mm dick ausrollen, in 8 gleichgroße Rechtecke teilen, in denen je 1 Wurst Platz haben soll.
Die Käsescheiben ausbreiten, je 2 Blatt Salbei darauflegen, mit etwas Cayennepfeffer bestreuen. Nun die Würstchen darin einwickeln und diese wieder in je ein Stück Teig einpacken.
Die Kanten mit Eiweiß bestreichen, über der Wurst zusammenschlagen und gut andrücken. Mit der Naht nach unten auf ein mit kaltem Wasser abgespültes Backblech legen, mit Eigelb bestreichen.
Backzeit: 20 Minuten bei 230 Grad.

Saucen

Die meisten Pasteten sollten mit einer dazu passenden Sauce serviert werden, dies gilt ganz besonders für die warmen Pasteten. Deshalb wird im folgenden die Zubereitung der wichtigsten Saucen, die sich hierfür besonders eignen, näher beschrieben. Für die meisten warmen Saucen wird eine Grundbrühe benötigt, zu deren Zubereitung man die Abfälle der Fleisch- und Fischzutaten der jeweiligen Pastete, ähnlich wie bei den Gelees, mitverwenden kann.

Die Saucen sollte man mit besonderer Sorgfalt herstellen, da sie zum Erfolg der Pastete wesentlich beitragen.

Bechamelsauce

2 dl Milch
1 EL Zwiebeln, fein gehackt
¼ TL Salz
1 Messerspitze weißer Pfeffer
1 Prise Muskat
⅛ TL Thymian
1 Lorbeerblatt
40 g Butter
30 g Mehl
¼ l süße Sahne

Milch, Zwiebeln, Gewürze und Kräuter zum Kochen bringen, vom Herd nehmen und 15 Minuten ziehen las-

sen. In einem anderen Topf die Butter schmelzen, das Mehl hineinstreuen und mit einem Schneebesen rühren, bis es hellgelb ist. Nun die Milch unter Schlagen mit dem Schneebesen hinzugießen, ebenso die Sahne, alles gut vermischen, zum Kochen bringen. Die Hitze herunterschalten und auf niedriger Hitze so lange kochen lassen, bis die Sauce dickflüssig wird. Durch ein feines Sieb streichen.

Krabbensauce

200 g Butter
1 Karotte, geputzt, grob gehackt
1 Zwiebel, geschält, grob gehackt
1 Stange Porree, längs halbiert, gewaschen, in Stücke geschnitten
1 Zweig Thymian
1 Lorbeerblatt
500 g rohe Krabben in der Schale
¼ l herber Weißwein
4 TL Cognac
½ TL Salz
¼ TL Pfeffer
1 Messerspitze Cayennepfeffer
3 dl Bechamelsauce

100 g Butter in einem Topf schmelzen lassen, Gemüse, Thymian und Lorbeerblatt dazugeben, 5 Minuten unter Rühren braten. In die sehr heiße But-

ter die rohen Krabben geben und braten, bis sie rot geworden sind. Hitze herunterschalten und Wein, 3 TL Cognac, Salz, Pfeffer und Cayennepfeffer hinzugeben und 15 Minuten dünsten. Die Krabben herausnehmen, abkühlen lassen und aus der Schale brechen, beiseite legen. Die Flüssigkeit durch ein feines Sieb in die Bechamelsauce gießen und auf niedriger Hitze auf ca. 3 dl einkochen lassen.
Die Krabbenschalen mit 100 g Butter im Mörser fein stoßen. Diese Krabbenbutter in einen kleinen Topf geben und auf kleinster Hitze langsam schmelzen lassen, 1 TL Cognac hinzugießen. Wenn sie ganz geschmolzen ist, durch ein feuchtes Tuch pressen, indem man die beiden Enden fest zusammendreht. Die Rückstände im Tuch sollen sehr trocken sein.
Nun die Krabbenbutter und die ausgeschälten Krabben unter die Bechamelsauce rühren und gut miteinander vermischen (man kann natürlich auch im Handel erhältliche Krebsbutter und gekochte Krabben verwenden).

Braune Sauce

30 g Schweineschmalz
40 g geräucherter Speck, in ½ cm große Würfel geschnitten
1 Zwiebel, geschält, in Scheiben geschnitten
2 Bund Suppenkraut, geputzt, gewaschen, gehackt
70 g Mehl
1 l Braune Grundbrühe (Seite 18) oder Instantbrühe
1 TL Tomatenmark oder
2 Tomaten
1 Lorbeerblatt
2 Thymianzweige
4 Petersilienstengel
8 Pfefferkörner
¼ TL Salz

Schweineschmalz und Speck erhitzen, Zwiebel und das Suppenkraut von allen Seiten braun anrösten. Das Mehl darüberstreuen und unter Rühren anbräunen. Grundbrühe unterschlagen, Tomaten, Kräuter und Gewürze zufügen. Zum Sieden bringen, unbedeckt 2½ Stunde sieden lassen. Sie soll auf die Hälfte eingekocht sein. Durch ein Haarsieb in eine kleine Kasserolle gießen.

Madeirasauce: ½ l Braune Sauce erhitzen, vom Feuer nehmen und 1 dl Madeira untermischen.

Champignonsauce

2 EL Butter
100 g Champignons, in feine Scheiben geschnitten
1 gestrichener EL Mehl
3 dl Braune Grundbrühe (Seite 18) oder Instantbrühe
1 EL Madeira

In einem Topf die Butter schmelzen lassen und die Champignons darin weich dämpfen. Die Champignons herausnehmen, auf einen Teller beiseite stellen. Das Mehl in den Topf streuen und unter Rühren gelb werden lassen. Die Grundbrühe hineingeben und mit einem Schneebesen schlagen, dabei die Mehlschwitze vom Topf kratzen, damit alles in der Brühe aufgelöst wird, auf ca. ½ der Menge einkochen lassen. Die Champignons wieder hinzufügen und ¼ Stunde ziehen lassen, ohne daß sie zum Kochen kommen soll. Im letzten Moment den Madeira unterziehen.

Cumberlandsauce

Für kalte Pasteten und Terrinen

1 EL Orangenschale, dünn abgeschält
und in sehr feine Scheiben geschnitten
1 EL Zitronenschale, dünn abgeschält
und in sehr feine Scheiben geschnitten
200 g rotes Johannisbeergelee
1 TL Schalotten, fein gehackt,
überbrüht und abgegossen
1 EL scharfer Senf oder Senfpulver
¾ dl Portwein
Saft von ½ Zitrone
Saft von ½ Orange
etwas Salz und Cayennepfeffer
½ TL Ingwer

Die feingeschnittene Orangen- und
Zitronenschale einige Minuten in
Wasser kochen, auf einem feinen Sieb
abtropfen lassen. In einer Schüssel
Johannisbeergelee, Schalotte, Oran-
gen- und Zitronenschale, Senf, Portwein, Zitronen- und Orangensaft gut
miteinander vermischen. Mit Salz,
Cayennepfeffer und Ingwer abschmecken.

Geflügelsauce

60 g Butter
60 g Mehl
½ l Geflügelgrundbrühe (Seite 20)
⅛ l süße Sahne

Die Butter in einen Topf geben und
schmelzen lassen. Das Mehl hineinstreuen und mit einem Schneebesen
gut miteinander vermischen. Auf
niedriger Hitze unter Rühren gelb
werden lassen. Nun die Grundbrühe
hineingeben und dabei mit dem
Schneebesen kräftig schlagen, so daß
die gesamte Mehlschwitze in der Brühe aufgelöst wird. Unter Rühren zum
Kochen bringen. Die Sahne untermi-

schen und auf sehr niedriger Hitze
ca. ¾ Stunde kochen lassen, dabei
von Zeit zu Zeit umrühren, damit sie
nicht ansetzt. Sie soll dickflüssig sein.
Durch ein feines Sieb streichen.

Grüne Sauce

Für kalte Fleisch- und Fischpasteten
und Terrinen

1 Handvoll gemischte Kräuter (Spinat,
Brunnenkresse, Petersilie, Kerbel,
Estragon)

Mayonnaise
2 Eigelb, sorgfältig vom Eiweiß
getrennt, in Zimmertemperatur
¼ TL Salz
etwas weißer Pfeffer
1 EL Zitronensaft oder Weinessig,
in Zimmertemperatur
½ TL scharfer Senf
125 g Öl, in Zimmertemperatur
150 g Joghurt
1 EL Schalotten, fein gehackt

Die Eigelb, Salz, Pfeffer, einige Trop-
fen Zitronensaft oder Essig und Senf
mit einem Schneebesen vermischen.
Nun langsam, erst tropfenweise, die
Hälfte des Öls hinzugeben und dabei
fortwährend schlagen. Den Rest des
Zitronensafts oder Essigs untermischen und weiter das restliche Öl unter Schlagen langsam hinzufügen. Die
Masse soll geschmeidig sein. Abschmecken, eventuell nachwürzen.
Falls sie doch gerinnen sollte, 2 EL
heißes Wasser unterschlagen. Joghurt
unterschlagen. Schalotten zugeben
und alles gut vermischen.
Die Kräuter waschen und 5 Minuten
in Salzwasser kochen. Abtropfen lassen auf einem Sieb, zerstampfen und
durch ein feines Sieb in die Mayonnaise pressen. Gut vermischen.

Remouladensauce

Für kalte Leberpasteten
und andere

¼ l Mayonnaise (Seite 130)
150 g Joghurt
3 EL Schalotten, fein gehackt
½ TL Knoblauch, fein gehackt
3 Anchovisfilets, gewässert, fein
gehackt
2 EL Kapern, fein gehackt
1 TL Senf
1 EL Pfeffergurken, fein gehackt
1 TL Kerbel, fein gehackt
1 TL Estragon, fein gehackt

Alles gut miteinander vermischen.

Holländische Sauce

5 Eigelb
2½ EL Wasser
2½ EL Zitronensaft
150 g Butter, geschmolzen
¾ TL Salz
¼ TL Pfeffer
¼ TL Zucker
1 Prise Muskat

Eigelbe, Wasser und Zitronensaft in
einer Schüssel gut mit dem Schneebesen verrühren. Diese Schüssel in einen
größeren Topf mit fast siedendem
Wasser stellen. Ständig schlagen, bis
die Masse anfängt, dicklich zu werden. Nun langsam, erst tropfenweise,
die Butter dazugeben und ständig wei-
terschlagen. Die Sauce soll cremig
sein und darf nicht gerinnen. Mit Salz,
Pfeffer, Zucker und Muskat abschmecken.

Kapernsauce: Zum Schluß 5 EL
Kapern und 5 EL Joghurt unterrühren, nochmals erhitzen, aber nicht
kochen.

Kirschsauce

1 Pfund Sauerkirschen
3 TL Zucker
1½ dl trockener Rotwein
0,25 dl Essig
1 Messerspitze Koriander
1 Stück Zitronenschale
2 TL Fleischbouillon, konzentriert,
oder Extrakt
1 EL Tomatenketchup
1 EL Zitronensaft

Sauerkirschen, Zucker, Rotwein, Essig, Koriander und Zitronenschale zusammen 20 Minuten kochen lassen.
Bouillon, Ketchup und Zitronensaft
zugeben und unter Rühren reduzieren, bis die Sauce etwas dickflüssig
wird. Nun die Zitronenschale fortwerfen und die Sauce durch ein Haarsieb
passieren.

Rotweinsauce mit
Entenleberpüree

4 dl roter Burgunderwein
2 EL Schalotten, fein gehackt
1 Zweig Thymian
1 Lorbeerblatt
½ TL Salz
⅛ TL schwarzer Pfeffer
80 g weiche Butter
2 gestrichene TL fertiger Fleischextrakt
2 Entenlebern, sehr fein gehackt
⅛ TL Cayennepfeffer
½ TL Zitronensaft
1 Messerspitze Kräutermischung
(Seite 22)

Rotwein, Schalotten, Thymian, Lorbeerblatt und Salz in einem kleinen
Topf auf die Hälfte einkochen lassen.
Pfeffer und die Butter hinzugeben und
unter Rühren kurz kochen lassen.
Den Fleischextrakt in die Sauce geben
und so lange rühren, bis er aufgelöst

ist. Die Sauce durch ein feines Sieb gießen. Wieder zum Kochen bringen.
In die vom Feuer genommene, aber noch brodelnde Sauce die Entenleber unterrühren, mit Salz, Pfeffer, Cayennepfeffer, Zitronensaft und der Kräutermischung abschmecken. Durch ein feines Sieb streichen. Im Wasserbad warm halten.

Wildbretsauce

2 EL Butter
1 Zwiebel, geschält und fein
gehackt
1 Tasse Champignons, geputzt und
fein gehackt
1 EL Mehl
2 dl herber Weißwein
2 dl Fleischbrühe (Instant)
1 TL Pfefferkörner
½ dl Essig
1 dl Fleischextrakt (aus den Knochen
hergestellt, Seite 17)
Salz
3 EL Johannisbeergelee
1,25 dl süße Sahne
1 Messerspitze Cayennepfeffer

Butter in der Kasserolle erhitzen, Zwiebel und Champignons darin unter Rühren 5 Minuten leicht anbraten, das Mehl darüberstäuben und anbräunen. Mit Weißwein und Fleischbrühe auffüllen. Pfeffer und Essig zugeben und 1 Stunde kochen lassen. Durch ein Haarsieb passieren, in einen kleinen Topf gießen, Fleischextrakt hinzugeben, dickflüssig einkochen, abschmecken. Die Sauce soll kräftig und würzig schmecken. Eventuell noch etwas Fleischextrakt zugeben, auch aus der Konserve. Nun Johannisbeergelee, Sahne und Cayennepfeffer mit einem Rührbesen unterziehen, kurz aufkochen.

Trüffelsauce

5 dl Madeirasauce (Seite 129)
1½ dl Extrakt von Wild oder Fleisch
(Seite 17/18), je nach Rezept
einige EL Trüffelessenz (Flüssigkeit
aus dem Trüffelglas bzw. Dose)
2 EL Trüffeln, gehackt

Extrakt und Madeirasauce vermischen. Trüffelessenz zugeben. Die gehackten Trüffeln hineingeben, 10 Minuten ziehen, nicht mehr kochen lassen.

Weiße Grundsauce
(ca. 2 dl)

25 g Butter
1 EL Champignons, gehackt
25 g Mehl
3 dl Fleisch-, Geflügel- oder Fisch-
grundbrühe (Seite 19/20)

Die Grundbrühe bis zum Siedepunkt erhitzen.
Die Butter in einem Topf auf niedriger Hitze zergehen lassen, die gehackten Champignons hineingeben, 2 Minuten dünsten. Das Mehl hinzugeben und rühren, bis es gut mit der Butter vermischt ist. 2 Minuten unter ständigem Rühren auf niedriger Hitze kochen lassen (die Mehlschwitze darf nicht braun werden), vom Feuer nehmen. Die Brühe unterschlagen, bis alles gut vermischt ist, wieder auf den Herd stellen und unter ständigem Rühren zum Kochen bringen. Auf niedrige Hitze herunterschalten und 20 Minuten sieden lassen, wobei man immer wieder umrührt, damit sie keine Haut bildet und nicht ansetzt. Durch ein feines Sieb streichen. Wenn man sie kalt verwenden will, muß man sie während des Abkühlens immer wieder rühren, damit sie keine Haut bildet.

Weißweinsauce

1 dl Fischgrundbrühe (Seite 19)
1 dl Weiße Grundsauce (Seite 132)
2 Eigelb
70–80 g Butterstückchen
½ EL Zitronensaft
etwas Pfeffer
etwas Salz

Fischgrundbrühe und Weiße Grundsauce in einem Topf mit einem Schneebesen vermischen, zum Sieden bringen, auf niedriger Hitze auf 1 dl einkochen, dabei immer wieder rühren, damit sie nicht ansetzt. Die Hitze auf kurz unter den Siedepunkt reduzieren und die Eigelb mit dem Schneebesen untermischen, unter fortwährendem Schlagen auf niedriger Hitze weitersieden lassen, bis die Sauce etwas andickt. Durch ein feines Sieb passieren. Nun unter Schlagen nach und nach die Butter hinzufügen. Die Sauce darf nicht kochen. Den Zitronensaft hineingeben und mit Salz und Pfeffer abschmecken.

Tomatensauce

2 EL Butter
3 EL geräucherter magerer Schinken, fein gehackt
1 Knoblauchzehe, geschält, fein gehackt
½ Zwiebel, geschält, fein gehackt
1 kleines Stück Sellerie, geschält, fein gehackt
1 kleine Karotte, geschält, fein gehackt
500 g reife Tomaten
3 EL Petersilienblätter, fein gehackt
½ TL Fleischextrakt (Seite 17)
Salz, Pfeffer, Cayennepfeffer
3 EL Crème fraîche (nach Geschmack)

Butter in einer Kasserolle erhitzen, Schinken, Knoblauch und die gehackten Gemüse rundherum andünsten. Tomaten, Petersilie und Fleischextrakt zugeben, einkochen, bis sie dickflüssig ist. Mit Salz, Pfeffer und Cayennepfeffer abschmecken, durchpassieren. Wer möchte, kann Crème fraîche unterziehen.

Rezept-Register

Ein heißer Tip: BLV Kochpraxis

Vincenzo Buonassisi
Nudel & Nudel

Die besten Rezepte Italiens für Spaghetti, Makkaroni, Lasagne, Canneloni, Tagliatelle, Gnocchi, Tortellini und Anregungen für interessante Variationen. 2. Auflage, 128 Seiten, zahlreiche Zeichnungen

Rotraud Degner
Ideenreiche Resteküche

Über 300 schmackhafte Gerichte aus Resten von Fisch, Fleisch, Geflügel, Wild, Brot und Käse – mit frischen Zutaten kombiniert.
142 Seiten, 4 Farbfotos

Gunvar Dumrath
Paradiesische Apfelküche

Rezeptideen für das Kochen und Bakken mit Äpfeln. Informationen über die verschiedenen Apfelsorten und wertvolle Hinweise zu Lagerung und Konservierung.
2. Auflage, 110 Seiten

Veronika Müller
Überbackenes, Aufläufe und Puddings

Erprobte Rezepte für Pikantes und Süßes aus dem Ofen: Flans, Gratins, Soufflés, Aufläufe und Puddings. Wissenswertes über geeignete Kochgeschirre und Küchentechniken.
139 Seiten, 9 Farbfotos, 6 Zeichnungen

Emil Reimers
Köstliches aus der Pilzküche

Über 150 Rezepte für Sammler und Feinschmecker sowie Informationen über Zubereitung, Lagerung und Haltbarmachung.
120 Seiten, 41 Farbfotos

Annette Sander
Eintopfküche für Feinschmecker

56 Eintopfgerichte aus 23 Ländern mit passenden Vor- und Nachspeisen. Getränkevorschläge und Informationen über die Herkunft der Gerichte.
139 Seiten

Helga Tenschert
Engelsbrot und Eisenkuchen

Nahezu 100 alte Originalrezepte für das Backen mit Oblaten: Marzipan, Zeltchen und Fruchtschnitten, Makronen und Baisers, Oblatentorten, Lebkuchen und Schmalzgebackenes.
127 Seiten, 29 Faksimiles

BLV Verlagsgesellschaft München